KB233389

하나님의
일관된 뜻

①
오직
사랑으로

하나님의
일관된 뜻

김명훈 지음

한국학술정보

✝ 머리말

'오직 믿음으로' 시작했던 종교개혁!

'오직 사랑으로' 완성하는 종교개혁!

<오직사랑으로> 시리즈는 성경의 핵심 가르침과 하나님의 일관된 뜻인 '사랑하라'에 대해서 실생활적이고 독창적인 방법으로 풀어 쓴 책입니다. 마틴 루터는 종교개혁을 일으키면서 '오직 믿음으로'라는 핵심 가르침으로 현재의 기독교 흐름에 영향을 주었습니다. 필자는 '오직 사랑으로'라는 핵심 가르침으로 다시 한번 종교개혁이 일어나야 한다고 믿습니다. 왜냐하면 '사랑'은 하나님의 일관된 뜻이며, 궁극적인 목표인 하나님 나라의 기초 입자와 같으며, 종교를 넘어선 주님과의 친밀함의 비밀이며, 누구나 경험하는 어둠의 영들의 공격 타깃이며, 아직 성취되지 않은 요한계시록과 선지서의 마지막 때의 환란 속에서 굳게 붙들어야 할 가르침이기 때문입니다.

<오직사랑으로> 시리즈는 하나님의 마음을 좀 더 쉽고 명확하게 풀어서, 읽는 모든 사람들이 하늘의 진리로 삶의 수많은 실제적인 문제들에 대한 명쾌한 답을 얻을 수 있도록 하기 위해 쓰였습니다. 세계적인 베스트셀러인 성경, 그 성경 속에는 우리 삶의 모든 면에

대한 정답이 들어 있습니다. 그러나 성경을 읽어도 혹은 교회에 오래 다녀도 하나님의 진정한 뜻을 잘 이해하지 못하는 사람들이 너무도 많습니다. 이처럼 성경은 많은 사람들에게 여전히 어렵고 딱딱합니다. <오직사랑으로> 시리즈는 성경의 딱딱하고 어려운 부분들뿐 아니라 성경을 관통하는 일관된 가르침을 쉽게 풀어서 우리의 생각들 하나하나가 그리스도의 보좌 앞에 내려놓아지게 하고, 영과 진리로 드리는 예배의 참된 모습을 회복하고, 나를 위한 삶이 아닌 남을 위한 삶, 즉 이웃 사랑에 대한 세세하고 지속적인 다짐과 변화를 이끌어내는 데 도움을 줄 것입니다.

<오직사랑으로> 시리즈는 현재까지 5권으로 쓰여 있습니다. 1권 '하나님의 일관된 뜻', 2권 '하늘과 땅의 하나님 나라', 3권 '예수님과의 친밀함', 4권 '사랑과 판단의 영적전쟁', 5권 '세상과 육체의 일, 그 끝을 바라보며'입니다. 책이 출간되는 과정에서 제목이 좀 변경될 가능성도 있지만, 각 권당 성경의 주요 주제들, 즉 우리 삶 속에서 주님께서 깊이 관여하고 계신 핵심 분야들에 대해서 그리스도의 마음, 즉 주님의 심장을 매우 쉽게 풀어 썼습니다. 예수님을 이전에 몰랐어도, 성경에 대해 잘 몰랐어도 읽어 내려가는 데 무리가 없을 것입니다. 그러나 내용은 주님의 심장이 전해지기 때문에 따뜻하기도 하지만 매우 날카롭기도 합니다. 시리즈 전체적으로 다음과 같은 특징을 담았습니다. 뒤틀린 복음 다시 세우기, 나를 위한 삶이 아닌 남을 위한 삶, 사랑과 희생, 사랑과 관련된 영적 세계의 실상, 주님과의 친밀함의 실제, 세상에 대한 주님의 가르침 회복, 담론 수준이 아닌 생활의 세세한 것들. 마치 커피 맛을 알고자 하는 사람에게 원두와 그라인더와 템핑과 포터필터와 포트를 설명하면서 직접 해

보라고 이런 기구들을 손에 쥐어주는 것보다, 먼저 믹스커피를 주는 것이 더 좋듯이…… <오직사랑으로>는 주님의 심장과 성경의 깊은 맛을 알 수 있도록 쉽고 부드럽게 인도하는 목표를 가지고 쓰였습니다. 특별히 예수님을 전혀 모르는 분들을 위해 '사랑에 관한 모든 꿈, 예수님'이란 전도용 소책자도 준비해두었습니다.

개인적으로 저의 삶은 매우 늦은 나이까지도 죄와 뒹굴어 다닌 삶을 살았습니다. 돈을 사랑하고 이룬 것들과 가진 것을 자랑하며 살던 중에 예수님 십자가의 의미를 깨닫고 영접했습니다. 그 후에 저는 성경이 참으로 진리라는 것을 깨닫고 열심히 그 진리를 따라 살고자 정말 많은 노력을 했습니다. 그렇게 성경대로 살고자 정말로 많은 노력을 기울이며 살아가던 중, 어느 날 제 자신이야말로 바리새인이란 사실을 깊이 깨닫게 되었습니다. 그때부터 정말 밥을 먹고 싶은 마음이 생기지 않아서 밤낮으로 눈물로 주님 앞에 엎드려 기도하며 씨름하기를 몇 달간 했습니다. 그리고 주님은 제게 이런 강렬한 소망을 주셨습니다. '사랑'이란 주제로 관통하는 성경 해석과 그리스도의 심장. 이 일을 소망하며 기도하게 되었고, 그 결과로 이와 같은 책을 사람들 앞에 소개하게 되었습니다. 모쪼록 이 책과 책 속의 한 줄 한 줄이 독자분들의 마음을 위로하고, 주님의 깊은 평강이 임하고, 말할 수 없는 잔잔한 기쁨과 소망 속에서 너무 너무나 사랑스러운 주님과 동행할 수 있기를 바라고 기도드립니다.

<오직사랑으로> 1권 '하나님의 일관된 뜻'은 '사랑하라'라는 주님의 명령이 성경을 관통하는 흔들림 없는 일관된 하나님의 뜻이라는 사실을 다양한 측면에서 서술했습니다. 하나님=사랑. 그렇기 때문에

성경은 당연히 사랑이라는 일관된 관점으로 볼 수밖에 없다는 사실을 풀어 설명했습니다. 그리고 크리스천들이 가장 헷갈리는 부분 중에 하나인 '자유의지'와 '하나님의 섭리'에 관한 문제와 그 속에서 '사랑'이란 계명과 섭리가 어떻게 동작하는지를 이해할 수 있도록 설명했습니다. 무엇보다도 누구나 다 안다고 생각했던 '복음'에 대해 우리의 삶을 반드시 변화시켜 내고자 하시는 주님의 심장을 중심에 두고 소개했으며, '복음'을 구성하는 원자핵과 전자와 같은 요소인 '사랑과 희생'에 대해 성경의 구석구석에 나오는 중요한 개념들을 풀어가며 독자의 이해를 돕기 위해 노력했습니다. 사람의 눈으로 사람을 보는 것이 아니라 십자가를 통과한 하늘의 눈으로 사람을 보는 훈련은 우리에게 너무나도 필요한 훈련이기 때문에, 각 사람을 향한 주님의 시선이 어떠한지를 소개했으며, 이에 대한 집요한 인간들의 죄인 PRIDE(교만, 자기 높이기)와 판단과 정죄에 대해 자세히 다루었습니다. 그리고 너무나도 존귀한 이웃을 사랑하며 사는 삶과 우리의 전부가 되시는 주님을 사랑하며 사는 대신 세상과 자기 자신을 사랑하며 사는 삶의 의미와, 결국에는 어떠한지에 대해 소개했습니다. 지금 세상에서 가장 오해된 진리 중의 하나인 가난한 사람들에 대한 하늘의 관점을 소개하면서 가난한 사람들을 돌보도록 그토록 성경과 주님이 강조하신 이유에 대해 나누었습니다. 1권을 기도하며 읽게 되신다면 우리 각 사람이 얼마나 존귀한 존재들인지, 그리고 우리 삶에서 주님께서 진정으로 바라시는 것이 무엇인지를 매우 명쾌하게 이해하게 되실 줄로 믿습니다.

SNS 페이스북과 카카오스토리에서 검색어 '오직사랑으로'를 검색하셔서 들어오시면, 좀 더 다양한 소식들을 나눌 수 있을 겁니다. <오

직사랑으로> 시리즈의 글은 출간된 책뿐 아니라 SNS 공간에서도 다양한 형태로 주님의 심장 깊은 곳에 있는 메시지를 전달해 드려서 독자들이 주님과 친밀한 사랑 가운데서 걸어가도록 돕고자 합니다.

2017년 따스한 봄

김명훈

성경의 모든 가르침은 결국 '사랑하라'이다

성경을 통해 우리는 많은 것을 배웁니다. 성경 속에 진리가 있고, 구원의 비밀이 있고, 이 땅과 오는 세계에서 놀라운 은혜와 평강 가운데 살아살 수 있게 하는 것들이 가득합니다. 분량도 방대하여 배워도 배워도 끝이 없을 정도입니다. 하지만, 성경 속에 나타난 하나님의 가르침 속에서 우리를 향한 단 하나의 명령이자 가르침을 뽑아보라고 한다면 의심할 바 없이 '사랑하라'는 가르침일 것입니다. 다시 말해, 아무리 많은 배움을 한다 할지라도 그 모든 배움은 '사랑하라'는 가르침 안으로 종속되어야 하고, '사랑하라'는 가르침을 더욱 풍성하게 이해하게 되고, '사랑하라'는 주님의 절대적 명령에 순종하는 과정이 되어야 할 것입니다.

(요 13:34) 새 계명을 너희에게 주노니 서로 사랑하라 내가 너희를 사랑한 것같이 너희도 서로 사랑하라

성경의 모든 것이 예수 그리스도에 대해 말씀하고 있습니다. 그 진리의 본체이신 예수님께서 우리에게 주신 단 하나의 명쾌한 계명은 '서로 사랑하라'입니다.

> *(갈 5:14) <u>온 율법은 네 이웃 사랑하기를 네 자신같이 하라 하신 한 말씀에서</u> 이루어졌나니*

　구약시대의 율법뿐 아니라 성경의 모든 가르침도 결국 '사랑하라'는 한 계명에서 이루어졌음을 성경이 선포하고 있습니다. 그러나 사람을 사랑하지 않고, 행여 사람을 판단하거나 비방하게 되는 일이 있다면 이는 하나님의 말씀 자체를 비방하는 일이 되는 것이고, 심판하시는 이는 오직 한 분이신데 감히 우리가 그 자리를 박차고 올라가게 되는 중대한 범죄를 저지르는 것이라고 야고보 사도는 하나님의 말씀을 받아 다음과 같이 경고합니다.

> *(약 4:11) 형제들아 서로 비방하지 말라 형제를 비방하는 자나 형제를 판단하는 자는 곧 율법을 비방하고 율법을 판단하는 것이라 네가 만일 율법을 판단하면 율법의 준행자가 아니요 재판관이로다*

　진실로 성경과 하나님의 모든 가르침은 '사랑하라'는 것임을 우리는 결코 부인할 수 없습니다. 그러나 우리의 마음속에서 흘러가고 있는 생각을 자세히 들여다보면, 우리 생각들의 많은 경우가 이 절대적인 명령을 부인하거나 혹은 소홀히 여기는 쪽으로 많이 치우쳐져 있음을 발견하게 됩니다.

　우리는 전례 없이 많은 것을 배울 수 있는 축적된 지식의 시대를 살고 있습니다. 그리고 많은 것을 배웠습니다. 그러나 여전히 우리는 '사랑하라'라고 하는 진리의 지식에 결코 이르지 못하고 있음을 고백하게 됩니다. 이런 우리들에게 주님은 할 말이 많으실 것입니다. 우리의 지식은 자라고 번창했으나 그 지식이 형제 사랑보다도 더 높아져 있다는 사실은 분명히 주님의 마음을 근심하게 할 것입니다. 세상적인 지식을 많이 가져도 사람은 교만해지지만, 진리인 성경에 대한 지식을 많이 가질수록 그 교만은 다른 어떤 세상적인 교만과도 비교할 수 없을 정도로 높아지게 됩니다. 비록 그 성경에 대한 지식은 모두가 다 '사랑하라'는 단 하나의 가장 큰 계명에 속해 있음에도 그러합니다. 이러한 실제 예는 교회 생활을 좀 해본 분들이라면 쉽게 발견할 수 있으리라 생각합니다. 더 나아가 크리스천의 이러한 진리에 대한 교만은 믿지 않는 많은 이들로부터 무시와 경멸을 충분히 받고 있는 상황에까지 이르렀습니다. 분명 우리는 진리를 가지고 있지만 그 진리의 핵심인 '사랑하라'는 초점을 잃어버린 결과가 지금의 상황을 초래한 것입니다.

주님은 우리의 너그러움과 자비가 우리의 지식보다 더 많아지기를 바라고 계십니다. 하지만 여전히 지식과 배움에 사로잡힌 우리의 생각이 우리에게 아무런 여유도 주지 않고 있습니다. 지식은 폐할 것이고, 방언도 그칠 것이나, 사랑은 영원히 사라지지 않을 것임을 우리는 기억해야 할 것입니다.

(고전 13:8) 사랑은 언제까지나 떨어지지 아니하되 예언도 폐하고 방언도 그치고 지식도 폐하리라

주님을 알아갈수록, 말씀을 마음속 깊이 받아들일수록, 우리는 주님과 더 깊은 사랑의 관계를 원하고, 또 이웃들과도 더 깊은 사랑의 관계를 원하게 됩니다. 하지만 배움과 스스로 생각하기에 옳게 되는 것에 대한 강박관념이 우리를 막아서고 있음을 보게 됩니다. 인생길에서 우리가 만나는 대부분의 사람들은 따뜻한 껴안음과 부드러운 손길을 필요로 합니다. 하지만 스스로 생각하기에 옳게 되는 것은 그런 사람들을 밀어서 넘어뜨립니다. 그런 모습은 사람을 세워가지 못합니다. 그런 모습은 위로하고 감싸주는 것이 아닙니다. 따뜻한 포용이 필요한 사람을 넘어지게 만드는 것이고, 그들의 시선을 즉각적으로 자신의 잘못된 점들에 집중하게 만듭니다. 그런 모습은 그들이 주님의 임재 가운데로 들어가게 하는 데 아무런 일을 하지 못합니다. 이것이 바로 율법주의인 것입니다. 이 율법주의는 구약시대와 예수님 시대와 초대교회에 맹렬한 힘을 과시하던 세력이었고, 지금도 우리의 마음과 생각 속에서 큰 영향력을 행사하고 있습니다. '스스로 생각하기에 옳게 되는 것'이 형성되는 과정은 성경을 통해서, 설교를 통해서, 교회와 성도들 사이에서 들리는 여러 말을 통해서, 그리고 개인적인 경험과 확신을 통해서 이뤄집니다. 이 과정에서 바로 율법주의는 스며들고 우리 속에 뿌리를 내립니다. 그리고 이는 '사랑하라'는 주님의 최고의 명령과 대적하게 되고, 실제적으로 사람들을 밀어서 넘어뜨리고 그들로 하여금 주님을 떠나도록 만듭니다.

이는 두 가지 측면에서 이뤄집니다. 첫째는 만약 우리가 누군가에게 옳게 고쳐야 한다고 생각해서 지적한 것이 있다면, 그 지적된 문제에 대해 상대방은 자신의 부족함과 적절치 못함에 대한 감각이 생깁니다. 둘째는, 상대방으로 하여금 권위주의적인 하나님의 이미지를 마음속에 가지게 합니다. 주님은 분명히 사람들 마음속에서 하나님의 이미지가 그렇게 자리 잡히지 않기를 바라지만, 결국 사람들은 그런 하나님으로부터 도망가게 됩니다. 이것이 곧 종교의 영이며, 겉으로는 하나님을 위하는 척 변장을 하고 있지만 본질적으로는 진리를 대적하고 있는 것입니다.

(계 2:9) …… 실상은 유대인이 아니요 사탄의 회당이라

사탄의 하는 일은 항상 하나님과 하나님의 가르침을 대적하는 것입니다. 겉으로는 그럴듯해 보이지만 그 본질은 명백하게 하나님의 뜻을 대적하는 것입니다. 예수님의 희생과 사랑을 통해 계시된 복음, 우리에게 주어진 절대 계명인 '사랑하라'는 가르침에 대해 이것저것을 덧붙이고, 본질을 왜곡하여, 사랑을 통해 드러나는 하늘의 능력을 상실하게 만드는 일. 이 일은 예전부터 지금까지 종교의 영이 수행하고 있는 전문영역입니다. 초대교회에서도, 가장 하나님을 신봉하는 것처럼 보이는 이슬람 안에서도, 그리고 지금 우리 교회 안에서도 이 종교의 영은 율법주의와 '스스로 생각하기에 옳게 되는 것'을 통해 역사하고 있습니다.

주님은 성도인 우리가 모든 인류에게 부드러운 연인이 되어주기를 바라고 계십니다. 주님은 우리가 사람들에게 다가가 지극한 존중과 영예로움으로 대하길 바라십니다. 주님은 사람들 속에서 살고 있습니다. 각 사람들 속에 거하시는 주님의 임재를 우리가 깨달아야 합니다. 그러면 우리가 사람들을 대할 때 경계의 도를 넘어가지 않게 될 것입니다. 불친절함, 상처 주는 말들, 지적하고 판단하는 말들, 자꾸 가르치려는 말들, 이러한 것들이 수시로 경계의 도를 넘어가는 모습입니다. 그 사람의 내면에서 부드럽고 신실하게 일하시는 주님의 임재를 보지 못하기 때문에 이런 경계의 도를 넘어가는 것입니다. 좀 더 생각해보면 그 사람 안에서 일하시는 주님보다 내가 더 옳고, 내 말이 주님이 하시는 일보다 더 효과가 좋다고 생각하는 것입니다. 결코 그렇지 않습니다. 진실로 진리가 여기 있습니다. 주님은 모든 사람의 내면에서 쉼 없이 일하고 계십니다. 이 사실을 마음에 새기고, 자기의 판단과 자기의 말이 각 사람 안에서 행하시는 주님의 일하심과 지혜보다 더 뛰어나다고 생각하는 오래된 습관을 조금씩 벗어나가야 할 것입니다.

> *(요 6:28~29) 그들이 묻되 우리가 어떻게 하여야 하나님의 일을 하오리이까 예수께서 대답하여 이르시되 하나님께서 보내신 이를 믿는 것이 하나님의 일이니라 하시니*

만약 우리가 지극히 작은 한 사람을 볼 때, 그 사람에 대해 하늘의 신령한 존재들이 가지고 있는 영예로움을 보기만 한다면, 우리가 그 사람을 대할 때 주님이 우리에게 원하시는 존중과 영예로움이 무엇인지를 이해하게 될 것입니다. 사람들의 내면은 부드럽습니다. 사람들은 태어나서 죽을 때까지 지켜야 할 규칙들이 주어지고, 비교되며 경쟁하게 되고, 그 과정에서 가치가 떨어지고, 비난당하고, 소속된 집단과 환경에 주어진 일들을 수행하도록 길들여집니다. 하찮은 존재 같은 기분이 들게 만듭니다. 그 정도가 아주 심한 경우도 있고 덜 심한 경우도 있지만, 하늘의 관점으로 볼 때 우리 모두는 이런 과정을 다 통과하게 됩니다. 이렇게 끝없이 추락해가던 우리를 주님은 구원하셨고 하늘로 올리시고 하나님 나라의 대사로 부르신 것입니다. 즉, 사랑을 전하는 대사로 부르신 것입니다. 그리고 여전히 이 사랑을 알지 못하는 영혼들을 향해, 예수님이 우리에게 드러내 주신 사랑의 좋은 모델이 되어, 그들과 함께 걷기도 하고 함께 도우며 각각의 사람들에게 그들의 영예로움을 보여주는 역할을 하도록 부르신 것입니다.

사람들은 다른 사람들의 생각들을 가지고 자신의 생각들을 채우는 데 사로잡히는 경향이 있습니다. 주님은 우리가 주님의 생각들, 즉 사랑에 관한 생각들을 그들에게 채우시길 원하십니다. 주님께서 보시기에 한 사람 한 사람이 얼마나 존귀한 존재인지에 대한 생각, 비교와 경쟁이 만드는 낮아짐이 아닌 사랑을 위해 기꺼이 나를 낮추는 마음과 생각, 무엇을 얻을 수 있을까에 대한 생각이 아니라 무엇을 줄 수 있을 것인가에 대한 생각, 자신을 어떻게 하면 증명할 것인가에 대한 생각이 아니라 다른 사람을 어떻게 옹호하고 대변해줄 것인가에 대한 생각, 자신을 위해 사는 것이 아니라 남을 위해 사는 것에 관한 생각. 주님의 생각은 모두 사랑에 대한 생각들이며, 이러한 주님의 생각들이 사람들에게 채워질 수 있도록 우리를 사랑의 대사로 부르신 것입니다.

사랑은 곧 부드러움과 영예로움입니다. 부드러움과 영예로움은 개인적인 인간관계에서 가장 중요한 두 요소입니다. 사람을 영예롭게 대함은 십자가와 각 사람을 위해 주님께서 희생하신 것에 대해 큰 소리로 외침과 같습니다. 우리가 사람들을 영예롭게 대할 때, 우리는 상대방의 영혼을 높이게 되며, 그것은 주님께서 그들의 값을 지불하며 십자가에서 희생되었을 때 그들을 높인 방법과 같은 것입니다. 그러나 만약 우리가 사람들의 잘못과 그들이 잘못 이해하고 있는 것들을 지적하면서 지속적으로 그들을 뜯어고치려 들 때에, 우리는 주님께서 십자가에서 지불하신 값의 가치를 떨어뜨리게 되는 것입니다.

주님은 각 사람들로 하여금 그들이 얼마나 존귀한 존재인지를 알기를 원하십니다. 하지만 우리는 사람들이 얼마나 부족한 존재인지를 가르치고 있는 것은 아닌지요? 사람들을 죄인이라는 올가미에 씌워서 가르치는 모습보다 깊은 사랑을 표현하며 주님의 사랑을 드러내는 모습이 더 많이 우리에게 있기를 주님은 원하십니다. 태어나면서부터 죽을 때까지 온갖 가르침은 사람들을 찌그러뜨리고 전염병과 같이 오염시킵니다. 거의 끝도 없이 이렇게 만듭니다. 그 모든 가르침이 겉보기에는 그럴듯해 보이지만 본질적으로는 사람들을 넘어뜨리고 추락하게 하고 병들게 합니다. 나를 높이고 남을 짓밟고 올라가야 하는 비교와 경쟁이 항상 그 속에 존재하고 있기 때문입니다. 이 과정에서 잃어버린 것들은 사랑, 긍정, 친절, 영예로움입니다.

사랑하는 성도 여러분, 우리는 다른 영혼들과 옆에서 함께 걷기 위해 명예와 스스로 생각하기에 옳게 되는 것을 향한 도전을 내려놓을 수 있으신지요?

우리가 사람들을 어떻게 대해야 할지를 가르치시는 말씀입니다. 이 한 구절뿐 아니라 모든 서신서의 곳곳에 이 같은 단어들이 가득합니다. 사랑, 긍휼, 자비, 겸손, 온유, 오래 참음. 쉽게 말해 부드럽고 사랑스럽게 대하라는 것입니다. 가르침은 반드시 필요하지만, 지금 강조하는 것은 어떤 사람들의 경향, 즉 '스스로 생각하기에 옳게 되는 것'이 필요하기 때문에 항상 주변의 사람들을 비로잡고자 하는 사람들의 경향이 습관화된 모습에 대해 이야기하는 것입니다. 주님은 일관되게 사랑과 온순함에 대한 메시지를 예나 지금이나 우리에게 말씀하십니다. 훈장질이나 마구 가르쳐대는 것을 즐겨 하는 사람들이 있는데, 그런 가르침 뒤에는 사람들은 풀이 죽어 있고 찌그러져 있게 됩니다. 우리가 그런 일에 동참하고 있지는 않은지요? 주님은 이런 일들이 멈춰지기를 바라십니다. 주님은 우리가 다른 사람과 관계를 맺을 때 절대적으로 가장 중요한 첫 번째로 가지기 원하시는 것이 '사랑'입니다. 부드러움과 영예로움입니다. '스스로 생각하기에 옳게 되는 것'은 주님 눈에 보시기에 우리와 상대방의 가치를 떨어뜨리는 것이 되고 맙니다. 하지만 사랑하는 모습은 우리로 하여금 주님을 닮게 만듭니다. 그리고 사랑하는 모습은 이미 수 없이 많은 좌절로 고통받고 포기하고자 하는 사람들을 들어 올려서 높이는 일을 하게 됩니다. 고통받는 사람들이 자신들이 얼마나 주님께 중요한 존재인지 깨닫기를 주님은 바라십니다. 이는 그들이 똑똑해서도 아니요, 그들이 뛰어난 어떤 것이 있어서도 아니요, 그들이 바로 주님께서 그들을 위해 죽었던 고귀한 인간이라는 사실 때문입니다. 주님은 몸과 피를 내주시고 실로 엄청난 값을 지불했습니다. 이 십자가가 그들을 지극히 높여 하늘 왕족의 자리에 이르게 한 것입니다.

우리 모두는 이 땅에서 서로 사랑하라는 훈련을 받고 있습니다. 결코 변하지 않을 진리, 즉 '사랑하라'라는 가르침을 붙들고 있는 것입니다. 이 진리를 넘어서 안간힘을 써야 할 어떤 것도 결코 존재해서는 안 됩니다. 어느 순간에도 어느 사람에 대해서도 우리의 마음을 사로잡는 어떤 종류의 권위주의적인 버튼도 누르지 않기 위해 아주 조심하고, 공손하고, 솜씨 좋게 행함으로써 진리, 즉 '사랑'이 드러나게 해야 합니다. 진실로 순식간에 우리는 우리 마음속에서 권위적인 모습으로 다른 사람을 판단하고 지적하는 생각과 말이 솟아오르고 그로 인해 넘어지는 경우를 하루에도 수십 번 경험하게 됩니다. 하루에도 수십 번 진리 가운데서 행하지 못하고 있는 것이죠. 신중해야 하고 조심해야 할 부분입니다. 분명한 깨달음과 많은 실패와 극복과 은혜와 시간이 필요한 부분들입니다. 우리는 다양한 배경과 상황에서 오는 힘이나 권위를 사용함으로써 '사랑하라'는 진리의 가르침에서 벗어나는 실수를 범합니다. 마음속의 생각으로 실수를 범하고 더 담대하여 사람들을 비방하기도 하며 진리에 담대히 대적하기도 합니다. 내가 믿는 성경의 어떤 것이 옳다고 증명되었다고 생각되었을 때 '사랑하라'는 가장 큰 진리의 가르침에서 벗어나 사람들을 밀어 넘어뜨리고 그 사람을 주님으로부터 멀어지게 만들기도 합니다. 그렇게 되면 우리는 함께하기에 기쁨이 넘치는 크리스천이 되는 것이 아니라 함께하기에 성가신 존재들이 되고 맙니다. 이를 위해서는 스킬과 연단의 과정들이 필요합니다. 이 과정의 모든 것은 겸손과 너그러움과 관련되어 있습니다. 만약 이 겸손과 너그러움이 우리 마음 중심에 자리 잡고 있지 않다면, 우리는 주님께서 영혼들을 하나님 나라로 데려오고자 하는 주님의 노력에 방해가 될 것입니다.

> *(고전 13:2) 내가 예언하는 능력이 있어 모든 비밀과 모든 지식을 알고 또 산을 옮길 만한 모든 믿음이 있을지라도 사랑이 없으면 내가 아무것도 아니요*

형제 사랑이라는 빛나는 진리의 가르침을 소홀히 여기며, 여기저기서 배운 성경 말씀에 대한 지식들과 '스스로 생각하기에 옳게 되는 것'을 통한 거룩한 모습을 위해 믿음 생활을 하게 될 수 있습니다. 그리고 이런 것들을 통해 영혼들을 주님께로 데려가고자 노력하는 일을 한다면 차라리 멈추는 것이 좋을 것입니다. '사랑이 없으면 내가 아무것도 아니요' 이 말씀처럼 정말로 아무것도 아닌 결과를 낼 것이기 때문입니다. 그 대신 주님의 사랑으로 사람들의 마음의 문을 여는 일에 집중하는 것이 나을 것입니다. 그러면 주님은 사랑으로 인해 열린 그 문으로 들어가 그곳에 거할 것입니다. 믿지 않는 사람이든 믿는 사람이든 주님 눈에 보기에는 너무나도 고귀한 영입니다. 오직 부드러움과 평온한 영으로 마음속 숨은 속사람의 본을 따라 살 수 있는 은혜로 주님께서 우리를 축복하시듯이 우리도 각 사람들의 마음속에 숨은 주님의 임재와 일하심에 진실로 함께 동역해나갑시다. 서로에게 항상 부드럽게 대하되, 사귄 지 100일이 안 된 연인처럼 다정하게 대합시다. 서로를 지극히 영예로움으로 대합시다. 우리가 서로 경쟁하고자 한다면 사람을 얼마나 영예롭게 대하는지를 두고 경쟁하고 이에 대해 서로를 능가하는 데 힘을 씁시다. 자기의 유익을 구하고, 이기적인 야망의 동기를 가지고서는 어떤 일도 하지 맙시다. 늘 겸손으로 자기 자신보다 상대방을 훨씬 더 중요하게 여기면서 나아갑시다.

내 영의 고백

- 주님의 모든 가르침이 과연 '사랑하라'임을 깨닫게 하심에 감사드립니다. 저로 마음속 깊은 곳과 모든 생각에 이르기까지 사랑에 관한 깨달음이 뿌리박히게 하옵시고, 풍성한 열매가 맺히게 하옵소서.

하나님의 이름은 사랑이시다

우리가 하나님의 존재를 인정한 이후로, 이 온 세계와 우주와 인간의 오묘함을 생각할 때마다 그분의 능력이 끝이 없다는 것을 깨닫게 됩니다. 하나님을 알지 못하는 사람이라 할지라도 이 모든 것을 생각할 때 그 광대함에 대해 부인할 수 없을 것입니다. 그러나 하나님은 우리로 하여금 그분의 능력을 우리가 깨닫게 하시기보다는 그분의 모든 것이 사랑이라는 것을 깨닫기를 원하십니다. 그리고 그 모든 엄청난 능력들도 다 사랑을 기초로 하여 이루어진 것임을 깨닫기를 원하십니다. 그리고 스스로를 가리켜 이같이 선포하십니다.

(요일 4:16) 하나님은 사랑이시라

이 말씀 안에 얼마나 많은 진리가 포함되어 있는지 모릅니다. 주님의 속성은 사랑이시고, 주님의 본질은 사랑이시고, 주님의 마음은 사랑이시고, 주님의 영광이 사랑이시고, 주님의 은혜가 사랑이시고, 주님의 평강이 사랑이시고, 주님의 거룩함이 사랑이시고, 주님의 높고 위대함이 사랑이시고, 생명의 본질이 사랑이시고, 주님의 형상이 사랑이시고, 주님의 이름이 사랑이시고, 주님의 모든 행함이 사랑이십니다. 이 사랑으로 우리를 지으셨습니다. 그래서 사랑이신 하나님의 형상을 따라 우리를 지으셨다고 설명하십니다.

> *(롬 1:20) 창세로부터 그의 보이지 아니하는 것들 곧 그의 영원하신 능력과 신성이 그가 만드신 만물에 분명히 보여 알려졌나니 그러므로 그들이 핑계하지 못할지니라*

하나님의 신성은 곧 사랑을 뜻합니다. 우리 눈으로 보고 경험하는 수많은 것들 속에 하나님의 사랑이 분명히 보여 알려져 있음이 분명합니다. 그러나 여전히 우리와 사람들은 주님에 대한 개념, 주님이 누구인지에 대해 정말로 잘 모르고 있습니다. 주님께서 사람을 창조하셨을 때, 완벽한 구성요소를 갖추고 창조하셨고 그 속에 생명은 충만했으며 그 모든 기능이 완벽했습니다. 하나님은 그 속에서 사람들이 좋아하고 기뻐하고 성장하기에 적합하다고 생각하셨고 "보기에 좋았더라"라고 말씀하셨습니다.

우리에게 사랑하는 작은 고양이가 있다면 그 고양이가 좋아할 만한 놀이공간을 만들어주고 그걸 좋아하는 고양이의 모습을 보며 즐거워합니다. 이런 마음들이 다 하나님으로부터 온 것입니다. 하나님은 동일한 마음으로 지구를 창조하셨습니다. 사람이 살기에 아주 적합한 곳으로 창조했으며, 그곳에는 눈부실 정도로 아름다운 것들이 가득했고, 광물 식물 동물 등 생명으로 충만한 지구입니다. 산에 있는 쑥의 미세한 맛과 향기에서부터 하늘 높이 올라간 나무에 이르기까지, 하나님이 지으신 피조물 중 그 어떤 것도 사람과 하나님에게 만족스럽지 않은 것이 없습니다. 끝없이 펼쳐진 대양과 모든 것을 집어삼키는 파도로부터 새벽에 잎사귀에 맺히는 이슬방울에 이르기까지 그분의 사랑은 충만합니다. 이러한 사실이 모두 하나님의 성품, 즉 사랑에 대해 설명해주고 계십니다.

우리 중 누가 새를 좋아한다고 합시다. 그중에서도 파랑새를 좋아하는데 해가 찬란한 가을 어느 날 주님은 파랑새를 그 사람이 걷는 길에서 발견하도록 놓아두십니다. 그 파랑새를 발견한 사람이 주님께 감사와 찬양을 돌릴 때, 주님은 얼마나 기뻐하실지 우리는 상상할 수 없습니다. 마치 우리가 사랑하는 고양이를 위해 캐트민트를 고양이가 자주 가는 길목 한구석에 숨겨놓고 기다리는 마음을 상상해본다면 이와 같은 선상에서 훨씬 더 큰마음과 기쁨으로 주님은 우리를 바라보고 계실 것입니다.

이제 말을 배우고 있는 세 살 된 딸이 잠자리에 들기 전에 아빠와 함께 이불을 가지고 장난을 치면서 꺄르르 웃는 모습. 잠자기 직전에 온전한 말이 아닌 이런저런 말로 종알대던 아이가 '아빠 좋아'라고 말할 때 느끼는 기쁨. 두 팔을 위로 올리고 살짝 입을 벌리고 자는 아기의 모습을 볼 때 느껴지는 사랑스러움. 이런 경험을 할 때 우리는 행복과 기쁨이 내면에서부터 넘쳐흐릅니다. 이런 모습들이 모두 하나님의 형상 곧 사랑의 형상을 따라 지음을 받은 사람의 행복과 기쁨이고 동시에 하나님의 행복과 기쁨입니다.

삼위일체이신 하나님과 예수님과 성령님을 보면, 그 사랑의 온전함은 우리 인간의 생각으로는 도무지 헤아릴 수 없을 지경에 이릅니다. 우리 인간은 두 사람이 뭔가를 꽤 오랜 시간 함께 할 때 수많은 의견 충돌과 갈등과 싸움을 경험합니다. 세상 어떤 사람도 거의 다 비슷합니다. 하지만 삼위의 하나님이 처리하시는 일들은 헤아릴 수 없이 많지만, 모든 일에 대해 완벽하게 서로를 존중하며 서로를 영예롭게 대하며 모든 일에 평강하고 화평하며 혼란이나 오해 없이 완벽하게 공동의 업무들을 수행하고 계십니다. 한마디로 사랑의 완전한 연합 사역을 이루십니다. 하나님의 근본 속성인 사랑의 깊이와 완전함이 어느 정도인지를 엿볼 수 있습니다.

이 두 말씀만 보면 완벽하게 모순된 말씀처럼 보입니다. 심판에 대한 권한이 하나님에게 있는 것인지, 예수님에게 있는 것인지 모순된 것처럼 보입니다. 성경에는 사실 이처럼 모순된 말씀들이 굉장히 많이 등장합니다. 마치 이런 것과 같습니다. 우산을 처음 본 사람들이 우산에 대해 얘기를 하는데 한 사람은 우산이 길고 뾰족하다고 말하고, 다른 한 사람은 우산은 동그랗다고 말합니다. 우산을 실제 보지 못한 사람은 그 우산에 대한 설명을 듣고 모순되었다고 생각하고 어리둥절할 것입니다. 하지만 둘 다 맞는 표현이죠. 실내에 있을 때 우산은 접혀서 길고 뾰족한 모양을 하지만, 비가 오는 밖에서 보는 우산은 동그란 모양으로 보입니다. 성경 속의 진리의 말씀들이 이처럼 상황에 따라 달리 표현되어 있을 뿐 그 실체와 본질은 진리 그 자체인 것입니다. 마치 우산에 대한 표현이 모순된다고 해서 우산 자체가 존재하지 않는다고 결론을 짓는 것이 어리석은 것이 되는 것과 마찬가지입니다. 그리고 어느 한쪽 것만 취하여 받아들이고 다른 한쪽을 버리게 되면 그것도 아주 위험하게 됩니다. 대부분의 이단들이 이런 식으로 해서 잘못된 길에 접어들게 됩니다. 성도들도 이 같은 오류에 쉽게 빠져서 한쪽만을 취해서 섣불리 하나님의 뜻이라고 판단하는 오류를 범하기도 합니다. 모순된 두 말씀 사이에 반드시 존재하는 본질과 실체를 이해하기 위해 겸손한 마음으로 주님의 은혜를 구하고 성급히 판단하려는 마음을 절제해야 합니다.

잠시 옆길로 샜는데, 결국 위의 말씀도 하나님의 심판과 예수님의 심판이 완벽하게 일치된다는 것을 말씀하고 계시는 것입니다. 자기를 낮추고 상대를 높이는 사랑의 모습이 이루어내는 완벽한 사역의 결과들입니다. 사탄이 자기를 높여 지극히 높은 이와 같아지려고 한 모습과 선악과를 먹어 하나님과 같이 되고 싶어 한 인간의 죄와는 정반대의 모습입니다. 사랑과 자기희생은 이처럼 하나님의 본질이며, 이는 삼위의 하나님이 일하심의 완벽한 조화를 만들어 내고 있음을 알 수 있습니다. (요 10:30) 나와 아버지는 하나이니라. 이 말씀 안에 얼마나 완벽한 하나님의 서로를 위한 사랑과 헌신과 순종이 담겨 있는지 묵상할수록 헤아릴 수 없는 애착과 갈망이 느껴집니다.

(골 3:17) 또 무엇을 하든지 말에나 일에나 다 <u>주 예수의 이름으로</u> 하고 그를 힘입어 하나님 아버지께 감사하라

'예수님의 이름으로'라고 표현된 모든 성경 구절을 '예수님의 사랑으로' 혹은 '사랑으로'라고 해석을 해도 좋은 것이 많습니다. 그만큼 예수님 그 자체가 사랑의 시작이고 끝이시기 때문입니다. 위 말씀은 무슨 말과 행동을 하든지 다 사랑의 동기를 가지고 행하라는 말씀입니다. (요일 2:12) 자녀들아 내가 너희에게 쓰는 것은 너희 죄가 <u>그의 이름으로</u> 말미암아 사함을 받았음이요, 우리의 죄가 예수님의 사랑으로 말미암아 사함을 받았다는 뜻입니다. (막 16:17) 믿는 자들에게는 이런 표적이 따르리니 곧 그들이 <u>내 이름으로</u> 귀신을 쫓아내며 새 방언을 말하며, 예수님의 사랑으로 어둠 권세를 물리친다는 뜻입니다. (벧전 4:16) 만일 그리스도인으로 고난을 받으면 부끄러워하지 말고 도리어 <u>그 이름으로</u> 하나님께 영광을 돌리라. 그리스도인 곧 예수님의 사랑과 희생을 실천하는 사람은 사랑이라는 좁은 길을 걸어갈 때 반드시 만나게 되는 고난 앞에서 그 이름 곧 그 사랑으로 하나님께 영광을 돌리라는 뜻입니다. 하나님의 근본이 사랑이시고, 그분의 이름이 사랑이시며, 그 능력이 사랑에서 기인하며, 그 사랑이 모든 죄악과 두려움과 어둠의 세력들을 몰아내는 것입니다.

이처럼 사랑으로 충만한 주님은 우리를 그 사랑의 충만함으로 초대하시고 기꺼이 끌어안아 주십니다.

(요 14:20) 그 날에는 내가 아버지 안에, 너희가 내 안에, 내가 너희 안에 있는 것을 너희가 알리라

하나님의 가장 깊고도 충만한 본질이자 속성이요, 성품인 사랑으로 이끄신 주님께서 우리를 통해 이루실 일들은 크게 네 가지입니다. 주님을 향한 불타는 사랑, 이웃을 향한 헌신적인 사랑, 자신을 향한 정죄감 없는 사랑, 죄와 악을 사랑으로 몰아내는 일입니다. 하나하나 전하고 싶은 내용이 너무도 많기 때문에 이어지는 모든 글 속에서 차근히 풀어서 설명하겠습니다. 여기서는 하나님의 사랑이 우리의 태도를 통해 어떻게 드러나야 하는지, 그리고 이를 방해하는 세력에 대해서 좀 더 초점을 맞추어 설명하겠습니다.

우리가 사람들에게 친절하고 자비로울 때 우리는 하나님의 신성, 즉 사랑을 드러냅니다. 주님께서 우리에게 주신 주님의 일부분을 드러내고, 그것을 키워나가면서 우리는 주님의 신성을 닮아갑니다. 이것이 '영광에서 영광에 이르는' 여정의 핵심입니다.

(고후 3:18) 우리가 다 수건을 벗은 얼굴로 거울을 보는 것 같이 주의 영광을 보매 그와 같은 형상으로 변화하여 영광에서 영광에 이르니 곧 주의 영으로 말미암음이니라

주님의 영광은 주님의 사랑의 다른 말입니다. 그분의 영광이 찬란한 이유는 그분의 사랑이 헤아릴 수 없이 깊고 넓고 높기 때문입니다. 그 영광의 사랑이 우리에게 임했고, 자기만을 위해 살던 우리를 구원하시어 이웃을 위해 살아가는 존재로 변화시키고 계십니다. 즉, 사랑의 존재로 변화시키고 계십니다. 우리가 이웃을 사랑할 때 우리 안에 내주하시는 주님의 영광이 우리를 통해 드러납니다. 이와 같이 영광에서 영광에 이르게 됩니다. 처음엔 미약하지만 날로 그 영광의 크기, 곧 사랑의 크기는 더 커지고 깊어져서 천국에 가까이 갈수록 더욱 커지고 깊어집니다. 그리고 마침내 사랑의 완성체인 천국에서 사랑의 근본이신 하나님의 얼굴을 마주 대하여 보듯이 보는 우리도 사랑의 결정체로 변화됩니다.

갓난아기의 얼굴을 들여다보면서 하나님이 다정하지 않다고 어찌 생각할 수 있겠습니까? 우리의 즐거움을 위하여 이처럼 만물을 창조하신 하나님. 주님의 기쁨의 근원은 당신의 형상을 닮은 존재가 기뻐하는 모습을 보는 것입니다. 그야말로 사랑의 DNA로 가득한 사랑의 본질이 하나님이십니다. 참으로 모든 것 속에 하나님이 누구인지를 구체적으로 보여주시며 드러내시고자 무던히도 애쓰고 계십니다. 세상은 온통 하나님이 누구인가에 관한 증거로 가득 차 있습니다. 무엇보다도 모든 창조물 중에서 가장 아름다운 존재로 지으신 각 사람들, 한 명 한 명이 너무도 독특하고 아름답게 하나님의 형상을 따라 지어졌으며, 아바 아버지는 어느 한 사람도 포기하지 않으시고 끝까지 사랑하고 계십니다.

(딤전 2:4) 하나님은 모든 사람이 구원을 받으며 진리를 아

는 데에 이르기를 원하시느니라

주님께서 한 사람을 사랑하는 마음의 크기를 우리는 결코 헤아릴 수 없습니다. 특히 지옥 길로 내달리고 있는 잃어버린 영혼들을 생각하실 때 쉼 없는 눈물을 흘리고 계십니다. 몹시도 그들을 품에 안고 싶어 하십니다. 다 주님의 품에서 나온 자녀들이고, 그 사랑으로 인해 지금도 주님의 마음은 찢어지게 괴롭고 아파하십니다. 우리 인간은 주님께서 그들을 얼마나 간절히 품에 안고 싶어 하는지 모릅니다. 그저 잠시 조금만 느껴질 뿐입니다.

그러나 사람들은 오직 크고 무서운 하나님에 대한 이미지만을 가지고 있습니다. 그리고 사람들은 하나님을 너무도 재미없고 두려운 존재로 만들어버렸습니다. 불의와 불법이 있는 곳에서 주님은 무서운 존재인 것은 사실입니다. 우리 인간의 마음으로 상상할 수 없을 만큼 죄와 악에 대해서는 무섭고 단호하신 분이십니다. 그러나 순진한 사람에게 주님은 순진하시며, 결백한 사람에게 주님은 결백하시며, 상냥하고 자비로운 사람에게 주님은 상냥하고 자비롭습니다.

> *(시 18:25∼27) 자비로운 자에게는 주의 자비로우심을 나타내시며 완전한 자에게는 주의 완전하심을 보이시며 깨끗한 자에게는 주의 깨끗하심을 보이시며 사악한 자에게는 주의 거스르심을 보이시리니 주께서 곤고한 백성은 구원하시고 교만한 눈은 낮추시리이다*

이처럼 자상하고 다정하신 하나님이 누구에게 그토록 크고 무서운 존재일까요? 그렇습니다. 사탄에게 그렇습니다. 사탄은 하나님을 너무도 크고 무서운 존재로 봅니다. 하나님께 반항한 사탄의 천사들과 사탄에게 하나님은 공포 그 자체입니다. 그래서 그 아들 예수의 이름을 사용함으로써 한 사람이 마귀들의 전체 군대를 쫓아낼 수 있습니다. 예수님이 일어나면, 화산불의 용암과 같은 타는 듯한 분노가 내려와 마귀들을 태우고 그슬리며 그들을 끔찍하게 고문합니다. 그래서 귀신들이 도망하는 것입니다. 만약 그들이 도망하지 않고 무모하게 예수님의 이름에 대항한다면, 흐르는 지옥 불이 그들에게 임하여 그들의 사지를 불사를 것입니다. 그러면 그들은 아주 오랫동안 불구가 됩니다. 그렇게 그들이 불구가 된 것을 그들 주인인 사탄이 알면 그 주인은 격노하여 그들을 훨씬 더 괴롭힐 것입니다. 사탄은 이처럼 철저한 잔인함의 화신입니다. 잔혹한 자에게 하나님은 잔혹하시다는 것을 잔혹한 자 사탄은 너무도 잘 알고 있습니다. 그래서 사탄은 사람들에게 하나님의 이런 크고 무서운 존재감을 계속해서 주입하고 있는 것입니다. 그 결과로 다정하고 부드럽고 친밀하신 하나님과 사귐을 방해하고 있습니다. 이 방해가 모든 강탈과 죽음의 기초 작업이 됩니다.

(요 10:10) 도둑이 오는 것은 도둑질하고 죽이고 멸망시키려는 것뿐이요

지금 인간세계에도 이와 같은 모습을 지닌 사람들이 있음을 우리는 봅니다. 그러나 그 어떤 것도, 그 누구도 잔인함과 증오에 있어서 사탄을 따라갈 자가 없습니다. 사탄은 하나님이 창조한 모든 것을 증오합니다. 그는 자기가 부리는 악마들도 증오하고, 인간도 증오하고, 가장 섬세한 꽃에서부터 눈 덮인 산봉우리에 이르기까지 지구 전체를 증오합니다. 그는 증오와 분노로 가득 찬 존재일 뿐입니다.

그래서 우리 주위의 모든 상황이 악화되어 가고 있는 것입니다. 사람들이 아무리 안전과 평화와 번영을 추구해도 상황은 계속 악화되어 가는 이유가 여기에 있습니다. 그리고 이미 이 세계는 노아의 시대나 소돔 고모라의 시대만큼 많은 죄악으로 넘치는 시대가 되었습니다. 사탄이 이 세상을 훼방하는 시기도 이제 끝을 향해 돌진하고 있는 마지막 시간대에 접어든 것입니다. 사랑 그 자체인 하나님의 형상과 뜻은 다 저버리고, 악은 더욱 많아지고, 죄도 더욱 넘쳐나고, 사람들은 더욱 자기 자신을 사랑하고 향락을 사랑하고 돈을 더욱 사랑하게 되는 시대가 되었습니다. 성경의 모든 예언이 성취된 것처럼, 마지막 남은 예언들이 성취되는 일들이 우리들 앞에 남아 있습니다. 약속하신 것처럼 이 충만한 악과 악의 세력들은 하나님의 심판을 받게 될 것이고 멸망의 구덩이에 던져지게 될 것입니다.

그러나 여전히 주님은 주님의 자녀들을 다정하게 사랑하고 계십니다. 잃어버린 자녀들이 하나님을 자신의 아버지로 영접하기를 원하십니다. 예수 그리스도의 의의 옷을 입고 은혜의 보좌로 나아오기를 바라십니다. 자신을 향해 부드럽게 타오르는 하나님의 사랑을 알기 원하시고, 그 얼굴을 보기 원하십니다. 주님은 주의 자녀들이 주님의 표정, 주님의 웃음, 주님의 울음, 그리고 자기 자신을 창조했을 때의 기쁨을 발견하기를 간절히 기다리고 계십니다. 그리고 우리가 그것을 발견했을 때 주님은 경이로울 정도로 기뻐하신다는 사실을 우리가 알기 원하십니다. 주님을 머나먼 거리에 두고 만질 수 없는 이미지로 숭배하는 것을 멈추길 원하십니다. 주님께서 진실로 각 사람에게 향한다는 것을 알기 원하십니다. 주님은 온화하고, 사랑하고, 포용하고, 감싸주고, 보호하고, 인도하고, 항상 우리 모든 한 사람 한 사람과 함께하는, 우리 각자 각자를 향한 하나님이라는 사실을 알게 하시길 원하십니다.

주님은 결코 수증기처럼 이해할 수 없는 존재가 아닙니다. 주님은 그분의 형상을 따라 우리를 만들었기 때문에 우리가 주님의 모습이고 주님 모습이 우리와 같습니다. 우리 마음속에 심어두신 사랑이 그 모습의 실체입니다. 이를 자세히 설명하시고자 하나님은 독생자 예수님을 이 땅에 사람의 모습으로 보내시어 육신적으로, 행동으로, 태도로 그리고 진리로 하나님이 정말로 정말로 누구인지를 보여주셨습니다. 주님은 베드로, 야고보, 요한 등의 제자들을 불러서 단짝 친구처럼 지내며 사랑이 무엇인지를 보이셨습니다. 함께 먹고, 함께 걷고, 함께 말하고, 별빛 아래서 함께 자며, 하나님 사랑의 실제를 보이셨습니다. 소박하지만 결코 그 어떤 것도 흔들 수 없는 진리의 실체인 사랑의 모습을 보이셨습니다.

주님은 오직 한 번, 강력하며 두려운 존재였던 때가 있었습니다. 그것은 바로 서기관과 바리새인과 돈 바꾸는 자들에게 그랬었습니다. 그자들은 자신의 탐욕과 욕심의 돈궤 속에다 하나님의 사랑하는 마음의 비밀을 가두었기 때문입니다. 그들은 주님의 백성이 주님을 사랑하지 않고 주님을 두려워하기를 원했습니다. 그래서 그들은 자신들이 원하는 것에 주님의 백성을 복종시키고 통제하기 위하여 두려움을 이용했습니다. 사탄처럼 두려움의 하나님을 가르쳤고 두려움으로 다스렸습니다. 이처럼 자기 유익을 꾀하며, 사랑하는 모습을 변질시키는 사탄과 한패가 된 모습을 자신들의 오래된 관습으로 삼고 살아가는 자들에게 주님은 강력하고 두려운 존재의 모습을 보이셨습니다. 하지만 온유하며, 겸손하고, 순종하는 사람들에게 주님은 지극히 부드러운 아빠이십니다.

사랑하고 존경하는 성도 여러분, 힘내시기 바랍니다. 사탄이 이 땅에서 다스릴 수 있는 시간이 끝을 향해 가고 있습니다. 사람들은 하나님이 누구인지 분명히 알게 될 것이고, 그를 구하면 그의 얼굴과 미소를 보게 될 것입니다. 주님이 자녀들을 사랑하는 그 다정함은 사람들도 알 수 없고 우리도 헤아릴 수 없습니다. 그분의 은혜의 분량을 우리는 전혀 알지 못합니다. 우리는 그저 표면을 긁듯이 피상적으로만 알고 있습니다. 하지만 천국에서는 주님이 우리를 아는 것과 같이 우리도 분명하게 알게 될 것입니다.

(고전 13:12) 우리가 지금은 거울로 보는 것같이 희미하나 그 때에는 얼굴과 얼굴을 대하여 볼 것이요 지금은 내가 부분적으로 아나 그 때에는 주께서 나를 아신 것같이 내가 온전히 알리라

그 때에는 사랑을 떠난 모든 죄악은 그칠 것입니다. 모든 사람은 하나님이 처음 창조했을 때의 온전함으로 변할 것입니다. 온 땅이 주님의 영광으로 가득할 것이고, 평화가 모든 곳을 다스릴 것입니다. 가장 깊고 어두운 동굴에서부터 산꼭대기에 이르기까지 평화가 다스릴 것입니다. 바로 이 사랑의 완성을 위해 우리를 부르셨습니다. 자기 자신의 유익을 조금도 생각하지 않고 서로를 보살펴줄 영혼들의 군대를 주님은 오랫동안 기다려왔습니다. 그리고 지금 세계 곳곳에서 그 부름에 순종하며 나아오는 영혼들을 품에 안으시고 씻기시고 먹이시며 사랑의 대사로서 기르고 계십니다. 우리 모두는 천국에 있는 주님의 은혜의 샘으로부터 흘러나오는 사랑에 의해 함께하도록 끌어당겨지고 있습니다. 우리 각자는 흐르는 지류가 한데 합쳐지듯 은혜 위에 은혜를, 그 위에 또 은혜를 더하고 있습니다. 자기희생에 대해 우리의 관심을 집중하고, 주님께 대한 집중과 이웃을 향한 관심을 집중함으로 인해, 주님의 사랑이 계속 흘러가고 있습니다. 천국의 감미로운 음악과 같이 이 사랑의 심포니와 모든 사람들을 주님께로 이끌어 오는 것을 하늘은 지켜보고 있으며 그 모습이 얼마나 아름다울지 우리의 모든 상상보다 아름다울 것입니다.

내 영의 고백

- 주님의 완전한 사랑을 더 알기 원합니다. 더 참여하기 원합니다. 더 끌어당겨 주옵시고 그 사랑에 취하게 하옵소서.

큰 희생을 감수하시고도 '자유의지'를 주신 이유

우리 인간은 하루에도 수십 번 혹은 수백 번의 선택을 하며 삽니다. 이 사실은 하나님을 믿는 사람이든 아니든 부인할 수 없는 사실입니다. 하나님께서 인간을 창조하실 때 자신의 형상을 따라 만드시면서 이 자유의지를 주셨습니다. 하나님이 자유의지를 가지고 계시기 때문에 그 형상을 따라 지은 사람에게도 이 자유의지를 주신 것입니다. 첫째 인간인 아담은 이 자유의지로 옳지 못한 판단을 하고 죄악을 범했고, 지금도 모든 인간은 이 자유의지를 가지고 옳지 못한 판단들을 헤아릴 수 없이 많이 행하고 있습니다. 이 자유의지에 의한 선택권한을 우리에게 주심으로 인해 하나님 스스로도 넘지 못할 선을 그으신 것입니다. 그분의 속성인 신실함 때문에 스스로 넘지 못할 선을 그으신 것입니다.

(요 10:28) 내가 그들에게 영생을 주노니 영원히 멸망하지 아니할 것이요 또 그들을 내 손에서 빼앗을 자가 없느니라

(딤후 2:12) …… *우리가 주를 부인하면 주도 우리를 부인
하실 것이라*

　구원과 관련한 말씀 중에서 서로 모순되어 보이는 말씀이 여러 구
절이 있는데 그중에 이 두 말씀을 자세히 들여다보겠습니다. 복음을
받아들이고 예수님을 선택한 사람을 예수님 손에서 빼앗을 자가 없
다고 하신 것은 진리입니다. 다음 구절도 같은 맥락의 말씀입니다.
(롬 8:38~39) 내가 확신하노니 사망이나 생명이나 천사들이나 권세
자들이나 현재 일이나 장래 일이나 능력이나 높음이나 깊음이나 다
른 어떤 피조물이라도 우리를 우리 주 그리스도 예수 안에 있는 하
나님의 사랑에서 끊을 수 없으리라. 이 말씀을 가지고 한 번 영접하
면 그 구원이 영원히 지속된다고 확신하라고 배워왔습니다. 하지만
위의 두 번째 말씀을 보면 우리가 주를 부인하면 주도 우리를 부인
하신다고 합니다. 이 말씀도 명확한 진리입니다. 그 어떤 것도 그리
스도의 사랑에서 성도를 끊을 것이 없으나, 정작 성도 자신의 자유
의지로 끊을 수 있습니다. 다시 말해서, 우리가 마음을 돌이켜 주님
을 떠나고, 주님의 가르침에서 떠나면 구원은 보장할 수 없게 된다
는 뜻입니다. 자기 자신의 자유의지와 선택의 힘을 주님께 쏟아 붓
는다면 진실로 그 어떤 것도, 사망이나 생명이나 천사들이나 권세자
들이나 현재 일이나 장래 일이나 능력이나 높음이나 깊음이나 다른
어떤 피조물이나 환난이나 곤고함이나 박해나 기근이나 적신이나
위험이나 칼이나, 그리스도의 사랑에서 끊을 것은 없습니다. 하지만
이 완전한 사랑도 각 사람에게 주신 자유의지의 선택권을 넘어서서
그 영향력을 행사하지는 못합니다.

(히 6:4~6) 한 번 빛을 받고 하늘의 은사를 맛보고 성령에 참여한 바 되고 하나님의 선한 말씀과 내세의 능력을 맛보고도 타락한 자들은 다시 새롭게 하여 회개하게 할 수 없나니 이는 그들이 하나님의 아들을 다시 십자가에 못 박아 드러내 놓고 욕되게 함이라

(벧후 2:22) 참된 속담에 이르기를 개가 그 토하였던 것에 돌아가고 돼지가 씻었다가 더러운 구덩이에 도로 누웠다 하는 말이 그들에게 응하였도다

(약 2:17) 이와 같이 행함이 없는 믿음은 그 자체가 죽은 것이라

이처럼 자유의지를 다하여 끝까지 예수님을 붙들고 그 가르침을 붙들지 않으면 진실로 구원은 위태롭습니다. 물론 주님은 하늘과 땅을 움직여서도 온갖 방법을 다 사용해서 그 사람의 의지와 선택이 주님을 향하도록 노력하실 것임에 분명합니다. 아무리 우리가 부인을 해도 끝내 한 순간의 회개와 진실한 회심을 위해 우리의 모든 상상을 초월한 일들을 행하실 것임에 틀림없습니다. 이 점은 우리가 분명히 신뢰해야 할 그분의 너무도 아름다운 신실함이고 한 영혼을 향한 상상을 초월한 주님의 사랑입니다. 하지만 사람의 선택 권한 그 자체를 뛰어넘어서 억지로 고문하듯이 선택을 강요하실 수 없는 것이 또한 스스로를 부인할 수 없으신 주님의 지극히 부드러운 속성입니다. 이처럼 하나님께서는 인간에게 자유의지를 주심으로 인해 스스로 큰 희생을 감당하시기로 스스로 정하신 것입니다.

사람들은 하나님이 사람들의 권리를 존중하지 않는다고 생각하는 지경에까지 이르렀습니다. 교회를 다니는 사람들도 그렇게 생각하는 경향이 있고, 믿음이 강하다고 하는 사람들도 그런 생각의 경향을 가지고 있음을 여러 차례 확인하게 됩니다. 필자인 저도 이 생각의 틀을 벗어나는 데 꽤 오랜 시간이 걸렸음을 고백합니다. 많은 것들이 자유의지와 하나님의 섭리에 관한 잘못된 이해를 기초로 하고 있습니다. 진실로 하나님께서 사람들에게 자유의지를 주신 것은 하나님 편에서는 엄청난 희생이었다는 사실을 사람들은 잘 이해하지 못합니다. 하나님은 사람들이 전혀 선택권 없는 노예가 아니라 자유롭게 하나님을 사랑하기로 선택해주기를 원하신 것입니다. 사랑하도록 프로그램 된 로봇들이 아니라 기꺼이 내면 깊은 곳에서부터 사랑하고 싶은 마음을 가지고 사랑하는 기쁨을 누리는 존재를 창조하신 것입니다.

하나님의 본질인 사랑이 이와 같은 원리에 의해서 동작하기 때문에 그 형상을 따라 지은 사람도 같은 방식으로 사랑을 선택하며 살기를 바라신 것입니다. 절대적인 능력자인 하나님 앞에 복종하듯이 하는 사랑이 아닌, 어린아이같이 마음껏 온갖 자유한 행동을 하더라도 부모의 품에 달려와 안기듯이 사랑하고, 끊임없이 자기 자신을 위해 살라고 부추기고 유혹하는 악이 가득한 세상에서도 진실로 마음속 깊은 곳에부터 우러나오는 형제 사랑의 마음을 가지고 이웃의 필요를 살피고, 자기 배부름과 욕구 채우기를 조금씩 양보하여 이웃의 필요를 채우고, 아파하는 사람과 함께 울어 주는 사랑의 마음을 갖도록 창조하신 것입니다.

이 세상에서는 권위라는 것이 불의하게 휘둘러지고, 사람들은 주님을 인간의 권리를 멸시하는 냉혹한 권세자들과 동일선상에 놓고 생각하기도 합니다. 세상과 세상 임금과 사람들에게서 받은 온갖 피해들을 하나님에게 쏟아놓고 비난하거나 서운하게 생각합니다. 모두가 자유의지와 세상 임금인 사탄과 사람들의 세계와 하나님의 뜻과 성품을 각각 잘 분별해서 이해하는 것이 부족하다 보니 이렇게 혼동된 생각으로 하나님을 바라보게 되는 것입니다.

(마 10:30) 너희에게는 머리털까지 다 세신 바 되었나니

주님은 진실로 사람들의 삶과 내면에 역사하면서 묵묵히 지켜보시며 선한 일을 행하시는데, 마음속에 쓰디쓴 생각으로 가득한 영혼들이 너무도 많습니다. 영적인 삶에서 일어나는 일들을 사람들은 전혀 이해하지 못하기 때문에, 사람들은 주님을 탓하게 되고 쓴맛을 내는 영혼이 됩니다. 사람들에게 나쁜 일이 일어나는 일이 일상이 되어 있는데, 궁극적으로 주님께서 그 나쁜 일들이 일어나지 않도록 막을 수 있었던 것은 사실입니다. 하지만 그 일어난 일들은 이유가 있어서 일어난다는 것도 사실입니다. 인간의 정신 속에 있는 이성은 이것을 헤아리지 못합니다. 예를 들면, 만약 그 사람의 운명이 의도한 대로 그대로 이루어졌더라면, 삶이 지옥에서 끝났을 사람들이 있습니다. 그러나 주님께서 그런 사건을 통해서 개입했기 때문에 그들의 삶의 여정이 완전히 바뀐 것입니다. 사람들은 이런 사실을 알지 못하기 때문에 부정적인 생각으로 가득 찬 쓰디쓴 영혼이 되어버립니다.

주님은 문자 그대로 천국과 땅을 움직여서 사람들이 그동안 걸어왔던 길에서 온전한 길로 건너오도록 하십니다. 그 온전한 길은 그들의 삶의 태도 전체를 바꾸어놓는 길이며, 아주 많은 경우 이 일은 그들 삶의 최후의 순간에 이루어지며, 이는 마지막 기회가 됩니다. 주님께서 좀 더 일찍 시도하지 않은 것이 아닙니다. 어떤 사람들은 마음이 너무도 단단하고 완고해서 죽음에 직면해서야 자신들의 실수를 깨닫습니다.

성도인 우리의 삶을 돌이켜보면 어떠한지요? 수도 없이 여러 번 더 나쁜 일들이 우리 앞에 놓여 있었고 주님께서 우리를 대신해 원수들에 맞서 싸워온 것을 우리가 알지 않는지요? 느껴지지 않는지요? 결코 다 헤아릴 수는 없지만, 결코 부인도 할 수 없습니다. 우리도 주님과 함께 걷지 않았었고, 주님을 알지 못했었고, 심지어 주님을 알려고 하지도 않았으나, 주님은 어떤 경우에도 우리를 보호해왔습니다. 어찌 찬양하지 않을 수 있을는지요? 어찌 감사하지 않을 수 있을는지요? 어찌 눈물 없이 주님의 행하심을 바라 볼 수 있을는지요? 참으로 믿는 자나 믿지 않는 자나 주님의 행함 속에 드러난 헤아릴 수 없는 사랑으로 인해 주님은 찬양과 영광을 받기에 합당하고 또 합당합니다.

우리가 주님 품에 안기고, 주님의 법도를 따라 살고, 주님을 사랑하며, 주님을 섬길 때, 우리는 안전한 울타리 안에서 살게 됩니다. 하지만, 우리가 그 울타리를 부수고 광야로 나간다면, 그것은 주님의 손을 묶는 일이 되는 것입니다. 자유의지와 선택이란 이처럼 무섭고도 강력한 것입니다. 그렇다고 하더라도 주님은 우리를 끝까지 사랑하십니다. 탕자 아버지의 기다림의 결국을 우리가 보듯이 진실로 끝까지 끝까지 사랑하십니다. 우리가 하는 일을 우리 스스로가 알지 못할 때가 많다는 것을 주님은 아시기 때문에, 주님은 우리를 보호하시기 위해 주님의 마음을 누그러뜨리고 주님의 기준을 양보하고 또 양보하십니다. 매해 주님은 우리의 이기적이고 맹인 된 길에서 우리를 돌이키려고 다가오지만, 우리는 매번 주님을 무시하고 우리가 바라는 길을 신나게 뛰어다닙니다.

사람들은 삶의 종착점에 이르러 지금까지의 삶을 생각하기 시작하고, 실수를 뒤돌아보면서, 죽음이 다가옴을 느낄 때 결국은 자기가 어디서 끝날지를 생각합니다. 심지어 그때조차도 사람들은 다른 사람들이 경고한 것들을 자기 이성으로 생각하고 거부하면서, 다양한 종교들을 선택하고는 그것이 자신의 길이라고 결론을 짓습니다. 하지만 밤의 적막 속에 귀신이 나타나고 그것이 진리냐고 놀리기 시작하면 사람들은 의아해지기 시작합니다.

진실로 진실로 주님은 사람들의 기질을 돌이키려고 무척이나 애를 쓰십니다. 왜냐하면 그 기질이 사람들을 어디로 끌고 갈지, 그리고 결국은 주님께서 그 사람들을 다시 보지 못하게 된다는 것을 주님이 알기 때문입니다. 그 때에 주님은 그 사람들로 인해 대단히 슬퍼하며 지옥에서 그 사람들이 울부짖는 소리를 듣게 되겠지만 더 이상 주님께서도 할 수 있는 것이 아무것도 없습니다. 사람들의 마음을 주님께로 되돌리기 위해 주님께서 모든 것을 했음에도 불구하고 사람들이 내린 영원에 대한 결정에 대해서는 주님도 어쩔 수가 없게 됩니다.

주님을 알고 있는 우리들은, 우리를 향하신 자유의지와 섭리에 관한 주님의 마음이 어떠할지 묵상해봅시다. 지금 우리 마음속에 주님을 향한 부정적인 생각이나 쓰디쓴 마음이 있는지, 혹은 마음 깊은 동굴 속에 숨겨진 어떤 쓰디쓴 마음의 웅덩이가 있는지 점검하고 살펴보시길 원하십니다. 우리가 주님을 용서하지 못할 무슨 이유가 있지는 않은지요? 우리가 주님을 용서했다고 말하는 그 어떤 것이 있는지요? 아직도 주님이 자신을 매우 불공평하게 대했다고 마음속에 억울함을 품고 있지는 않은지요?

이해하지 못할 가정환경 혹은 왜 이런 부모 밑에서 태어났는지에 대해 원망하는 것은 없는지요? 그 부모들이 그토록 어리석은 선택을 내리며 살아간 것에 대해 주님은 매우 안타깝게 생각하십니다. 주님도 최선을 다해 부모를 도왔지만 그 이상 어떻게 할 수 없었고, 그와 같은 선택들을 하게 될 것을 알고 있었습니다. 그리고 그런 가정에 보낸 것에 대해 사과하는 마음도 가지고 계십니다. 하지만 우리가 천국에 가게 되면, 그 점으로 인해 주님께 감사하게 될 것이라고 주님은 말씀하십니다. 진실로 그럴 것입니다.

(요 11:35) 예수께서 눈물을 흘리시더라

곧 다시 살리게 될 나사로의 죽음 앞에서 예수님은 왜 우셨을까요? 잠시 뒤의 일을 알지 못하는 사람들이 눈앞에 벌어진 나사로의 죽음 앞에서 슬퍼하며 아파할 때, 그 순간 사람들의 그 아픔과 함께 하셨기 때문에 예수님도 우신 것입니다. 우리 가정에서 벌어진 일이든, 세상에서 겪었던 일이든, 이해할 수 없는 슬픔과 아픔들에 대해 주님도 그 순간 우리와 함께 아파하십니다. 우리는 그 뒤의 일을 알 수 없지만, 주님은 그 뒤의 일을 알고 있기 때문에 나사로의 죽음을 허락하신 것처럼, 우리의 그 슬프고 아픈 일을 허락하신 것입니다. 좀 더 주님의 마음을 알게 된다면, 우리가 겪게 되었던 슬프고 아픈 일들 속에 모두 다 나쁜 것만 있지는 않았다는 것을 깨닫게 됩니다. 그러한 일련의 과정들을 통해 주님은 우리를 찾아내시고, 승리하시고, 구원하시고, 상급을 준비하고 계십니다. 저의 경우를 회상해보면 제가 살아온 방식대로 갔다면 저는 지옥에 갔을 겁니다. 주님은 우리가 출생한 이후 그 깊고 깊은 구덩이로부터 우리가 얼마나 멀리 은혜의 사다리를 타고 올라왔는지를 뒤돌아보기를 원하십니다. 우리가 어떻게 주님 손을 잡고 주님과 함께 영광의 왕국으로 올라왔는지를 보기를 청하십니다. 이것은 참으로 기뻐할 일입니다. 주님께서 우리를 위해 행하신 일들에 대해 우리는 정말로 성취감과 행복감을 느끼지 않을 수 없을 것입니다.

(고후 3:18) 우리가 다 수건을 벗은 얼굴로 거울을 보는 것
같이 주의 영광을 보매 그와 같은 형상으로 변화하여 영광
에서 영광에 이르니 곧 주의 영으로 말미암음이니라

주님은 이유 없이 영광에서 영광으로라고 말하지 않았습니다. 우리가 경험한 성취감과 행복감은 오직 시작에 불과합니다. 우리가 어둠의 왕국에서 이겨낸 것을 주님의 관점에서 볼 수 있다면 얼마나 좋을까요? 우리가 이겨낸 놀라운 장애물들, 우리가 부수어낸 권력과 지배와 대적들, 이것들을 볼 수만 있다면 우리는 더욱 주님께 감사하고 더욱 큰 행복과 만족을 느낄 텐데 말입니다. 육신의 장막을 벗고 주님과 함께하게 될 때에야 비로소 주님과 우리가 함께 이뤄낸 큰 승리를 주님의 관점으로 볼 수 있게 될 것입니다.

자유의지와 주님의 섭리 사이에서 성도가 가져야 할 가장 중요한 것은, 마음의 조그만 틈새까지도 전부 살펴서 우리 자신을 파악하는 것입니다. 주님께서 허락하신 것 때문에 우리 마음에 여전히 부정적인 생각이나 쓰라린 마음을 가지고 있는 것은 없는지 살펴봐야 합니다. 그것을 가지고도 여전히 주님을 신뢰할 수 있는지 마음속 깊이 스스로 물어봐야 합니다. 주님께서 우리 인생에 허락하신 것이 최상이었다는 것을 신뢰할 수 있으신지요? 우리가 주님을 알고, 주님의 본성을 알며, 우리를 위해 잔혹한 죽임을 당함도 마다하지 않은 주님의 사랑을 알기 때문에, 주님께서 우리 인생에 주는 모든 좋은 것과 나쁜 것에 대해 진실로 주님께 감사할 수 있으신지요? 이 묵상을 깊은 마음으로 행하고 있을 여러분에게 진실로 주님의 은혜가 부어질 것임을 믿고 기도드립니다. 그렇습니다. 이 세상의 지혜가 아닌, 가장 높은 곳 천국으로부터 오는 지혜를 주님께서 여러분에게 부어 주실 것을 믿습니다. 주님께서 허락하신 것과 허락하지 않은 것, 주님께서 준 것과 주지 않은 것, 주님께서 취했다가 결코 되돌려주지 않은 것에 대해 우리가 주님께 감사할 수 있게 해주는 지혜와 은혜를 기름 붓듯이 부으실 것을 기도합니다. 모든 것, 즉 모든 좋은 것과 나쁜 것에는 주님의 목적이 있으며, 위대한 선을 성취하고, 어떤 경우에는 땅을 평탄케 했으며, 부채를 탕감해주어 우리 스스로의 결정으로 인해 지옥에 갇히는 일을 면하게 되었음을 주님께서 여러분에게 알려주시길 기도드립니다.

내 영의 고백

- 제 마음속에 주님을 향해 가지고 있는 쓰라린 마음은 없는지요? 생각 나게 해주시고 주님 관점으로 온전히 이해되게 하옵시고, 치유해주옵 시고, 주님의 사랑에 대한 더 큰 확신으로 매일을 살아가게 하옵소서.

복음이란 무엇인가?

복음은 그저 '예수님 믿고 천국 가세요'에 그치지 않습니다. 예수님을 믿고 천국에 가는 것은 하늘과 땅이 사라질지라도 결코 사라지지 않는 복음의 한 부분이지만, 주님께서 계시하신 복음은 훨씬 더 많은 것을 말씀하고 계십니다. 주님과 그의 충실한 종이었던 바울은 크게 다섯 가지 내용을 복음이란 한 단어를 통해 설명했습니다. 회개, 십자가와 죄 사함, 거듭남, 거듭남 이후의 삶(부활의 삶), 구원 완성과 영광의 상급이 그것입니다.

첫째, 회개란 뉘우침과 돌이킴을 뜻합니다. 자기의 선택들과 생각들과 행함들과 방향과 목적이 잘못되었고 그것들이 결국 하나님께 죄였음을 깨닫게 되는 과정을 거칩니다. 많은 경우 행함에 대한 회개를 살짝 하는 경우가 있는데, 그런 회개는 지속되는 능력이 너무나 부족해서 금방 소멸됩니다. 가장 중요한 회개는 인생의 방향과 목적에 대한 뿌리 깊은 회개이며, 이 회개를 주님은 원하십니다. 그리고 주님은 이 회개를 지속적으로 이끌어가십니다. 그 대상은 교회를 다니든 안 다니든 모두에게 동일하게 적용됩니다. 한 사람의 회개가 있기 전에 주님은 많고 많은 일들과 속삭임을 통해서 아주 부드럽게 때로는 충격적인 사건들을 통해 지속적으로 삶의 선택들과 생각들과 행함들과 인생의 방향과 목적이 잘못되어 있음을 알려주십니다. 누구는 수년 만에 깨닫게 되기도 하고 누구는 한평생이 걸리기도 합니다. 자기 자신을 위해 살았던 삶 자체가 회개의 대상입니다. 다른 사람과 주님을 위해 살지 않은 삶 자체가 회개의 대상인 것입니다.

우리는 이 책의 첫 번째 글에서 성경의 모든 가르침이 '사랑하라'라는 사실을 나눴습니다. 하나님이 사람을 창조하시고 주신 모든 계명이 결국 다 이웃을 사랑하고 주님만을 사랑하라는 것입니다. 사랑하라는 절대 계명을 가장 근본적으로 범하게 하는 것이 자기를 위한 삶입니다. 자기를 위해 1시간을 사용하고 그렇게 오전과 오후를 사용하고, 또 다음 날과 다음 주를 자기를 위해 사용하고, 한 달과 일년을 그렇게 자기를 위해 사용합니다. 이러다 보면 지난 모든 시간이 다 자기 자신의 욕구와 욕심을 채우고, 자기의 목표를 이루기 위해 다 소진하고 맙니다. 여기에 하나님의 능력과 은혜까지 더 가져다가 자기가 목표와 욕심을 이뤄냅니다. 우리의 마음속 중심에 자기를 위한 삶을 살지 않았다고 말할 수 없는 자기 자신을 보게 됩니다. 하나님의 뜻인 내 몸을 사랑하듯이 이웃을 사랑하고 모든 것 다 바쳐 주님만을 사랑하라는 절대 계명은 그저 암송 구절로만 그치고 맙니다. 전혀 삶으로 드러나지 않습니다. 바로 이것을 통회하며 회개하는 것, 그것을 주님은 바라십니다.

(사 14:12 ~14) *너 아침의 아들 계명성이여 어찌 그리 하늘에서 떨어졌으며 너 열국을 엎은 자여 어찌 그리 땅에 찍혔는고 네가 네 마음에 이르기를 내가 하늘에 올라 하나님의 뭇별 위에 내 자리를 높이리라 내가 북극 집회의 산 위에 앉으리라 가장 높은 구름에 올라가 지극히 높은 이와 같아지리라 하는도다*

우리가 가장 닮지 말아야 할 존재인 사탄, 그는 항상 하나님을 대적하고 모든 사람을 지옥으로 끌고 가고자 아담부터 지금까지 쉼 없이 일하고 있음을 우리는 압니다. 그의 속성을 성경은 '높아지고자 하는 마음'으로 표현하고 있습니다. 결국 자기를 위한다는 것이 자기를 높이는 것입니다. 지금 온 세상이 다 높아지고자 하고 다 자기를 위해 살고 있습니다. 돈을 더 벌고자, 더 예뻐져서 더 인기 있고자, 더 멋지게 옷 입어서 인기 있고자, 더 많이 배워서 더 많은 것을 하고자, 더 실력을 뽐내서 더 인정받고자, 더 주목받는 자리에 앉고자, 더 많은 것을 소비하고자, 더 많은 것을 누리고자, 더 편한 것을 누리고자……, 이 모든 것이 결국 자기를 높이고 자기를 위한 것들의 결과들입니다. 세상에서는 너무도 당연한 것이지만, 이 모습이 정확히 사탄의 모습과 같음을 우리는 깨달아야 합니다. 우리가 가장 닮지 말아야 할 존재인 사탄의 근본 속성과 정확히 일치합니다. 하나님의 근본 속성인 사랑과 희생의 모습과 정반대 편에 서서 사탄을 향해 전력질주하고 있는 모습입니다.

(요 3:14) *모세가 광야에서 뱀을 든 것같이 인자도 들려야 하리니*

영광의 주님께서 왜 자신을 뱀에 비유했을까요? 사탄을 상징하는 뱀을 왜 자기 자신에게 비유하신 것일까요? 바로 우리의 모습과 삶이 뱀인 사탄과 같기 때문에 그 죄를 예수님이 짊어지시고 십자가에 달리신 모습 그 자체가 뱀이 된 것입니다. 그렇습니다. 우리의 삶의 방향과 목적은 선악과를 먹을 때의 아담의 마음이 그랬던 것처럼, 뱀인 사탄의 모습을 하고 있습니다. 다 자기 자신을 위해 살다가 그렇게 뱀에게 물려 죽을 수밖에 없는 인생을 살아가고 있던 것입니다.

(출 33:5) …… 너희는 목이 곧은 백성인즉

성경에 사람들을 가리켜 '목이 곧은 백성'이란 표현이 종종 나옵니다. 동물 중에도 자기가 조금이라도 공격을 받으면 목을 빳빳이 세우고 공격 자세를 취하고 이빨에 독을 뿜는 존재가 있습니다. 뱀이 그렇습니다. 성경은 이처럼 사람의 근본 속성이 사탄과 너무나도 똑같음을 많이 지적하고 있습니다. 진실로 너무나도 고귀하고 찬사가 입에서 끊이지 않을 정도로 아름답도록 하나님의 형상을 따라 사람을 지으셨고, 사랑하며 살아야 한다는 것을 항상 친절하게 가르치시지만, 인간의 죄성과 사탄과 세상은 사람들로 하여금 자기 자신을 위해 사는 존재, 즉 뱀으로 전락시켜 버렸습니다. 그리고 그것이 당연한 것이고 선한 것이라고 철저하게 속여서 이 세상을 살게 하고 그 결국은 뱀들이 가득한 지옥으로 인도하고 있습니다.

(요 8:44) 너희는 너희 아비 마귀에게서 났으니 너희 아비
의 욕심대로 너희도 행하고자 하느니라

자기를 위해 산다는 것, 이는 마귀의 욕심대로 행하는 것입니다. 자기를 위해 사는 삶의 뿌리와 결과가 이토록 지독하게 무서운 것입니다. 철저히 하나님의 뜻에 대적하게 되는 것입니다. 주님은 바로 이 회개가 온전히 이뤄지기를 바라십니다. 이 회개가 온전히 이뤄져야 합니다. 그렇지 않으면 뉘우침은 살짝 있을 수 있지만, 돌이킴은 결코 일어나지 않을 것입니다. 왜냐하면 세상의 유혹과 가치 체계는 가공할 정도로 강력하기 때문이고, 우리 내면의 믿음과 사랑의 능력과 영적 강건함은 너무나 쇠약하기 때문입니다. 순식간에 다시 자기를 위한 삶의 굴레로 거세게 빨려 들어갑니다. 만약 우리 중에 이 같은 삶의 방향과 목적에 대한 회개가 온전히 이뤄지지 않고, 행위적인 여러 사건에 대한 회개를 했다면, 주님께서는 그것도 아주 기쁘게 받으시고 많은 은혜를 부어주셨을 것입니다. 그러나 주님께서 여전히 많은 사건들을 통해 이 근본적인 회개에 이르도록, 어떤 때는 은혜로, 어떤 때는 고난으로, 어떤 때는 기다림으로 함께하실 것입니다. '오직사랑으로' 시리즈는 온통 '나를 위한 삶'을 돌이켜 '남을 위한 삶'과 '주님을 위한 삶'을 살아가도록 하는 단 하나의 목적을 위해 쓰일 것입니다. 읽는 내내 많은 회개의 은혜들이 임할 줄로 믿고 필자는 계속 기도하며 써나가고 있습니다. 진실로 모든 죄악을 씻기시는 주님의 은혜가 우리와 함께할 것을 확신합니다.

둘째, 십자가 죄 사함은 진실로 모든 인류의 죄를 사하시고 사람을 하늘 왕족의 자리에 올려놓은 복음의 결정체입니다. 진심으로 회개하고 예수님의 십자가 보혈이 자신의 죄를 사했고 주님을 자신의 주인으로 모시면 구원의 은혜가 주어집니다. 이는 '예수님께서 내 죄 때문에 십자가에서 죽으셨지'라는 지식수준에 머물면 안 되고, 애통한 마음의 회개가 동반되어야 합니다. 자기가 살아왔던 것, 시간을 쏟았던 것, 열정을 쏟았던 것이 이웃을 사랑하고 주님을 사랑하는 것이 아니라 자기 자신을 위해 살았다는 것에 대한 뉘우침과 돌이킴이 동반될 때 애통한 마음이 찾아오고 그 애통한 마음이 십자가 죄 사함의 은혜를 누리게 합니다.

(마 5:4) 애통하는 자는 복이 있나니 그들이 위로를 받을 것임이요

회개 없이 영접기도 따라 한다고 해서 결코 십자가 죄 사함의 은혜가 주어지는 것이 아닙니다. 애통한 마음으로 자기 삶을 뉘우치고 돌이키는 것 없이 교회 다닌다고 해서 십자가 죄 사함의 은혜가 주어지는 것이 아닙니다. 주께서 흘리신 십자가 보혈로 인해 모든 인류의 죄가 다 사해진 것은 맞지만 그것은 주님 편에서 하신 일이고, 자유의지를 받은 각 사람들은 자기편에서 해야 할 일이 있는 것입니다. 곧 자기의 의지와 선택으로 자기 삶을 뉘우치고 돌이켜야 합니다. 예수님이 모든 인류의 죄를 사했으니 모든 사람이 다 구원을 얻었다고 말하는 것은 인간에게 주신 자유의지에 대한 생각을 전혀 하지 않았기 때문에 나오는 생각의 오류입니다. 예수님이 모든 사람의 죄를 사했으니, 누구나 착하게 살면 천국에 갈 수 있다는 말도 같은 선상의 오류입니다. 하나님이 인간에게 주신 자유의지에 대한 그 독특한 권한과 능력을 잘못 이해하면 이처럼 여러 방향의 오류에 빠질 수 있습니다.

우리들 생각의 이 많은 오류들에도 불구하고 주님의 자비는 우리의 모든 상상을 뛰어넘을 것임에 분명합니다. 생의 짧은 마지막 한순간까지도 뒤쫓아 가서 자기 삶을 뉘우치게 하시고 주님을 향해 눈을 돌리게 하실 주님을 신뢰합니다. 그렇게 마지막 순간에 진실한 뉘우침과 주님께로 돌아서는 것을 통해서도 분명히 구원은 성취됩니다.

(눅 23:43) 예수께서 이르시되 내가 진실로 네게 이르노니 오늘 네가 나와 함께 낙원에 있으리라 하시니라

예수님 옆에서 십자가에 달린 강도의 뉘우침과 주님을 향한 고백은 그를 구원에 이르게 하기에 충분했습니다. (눅 23:40~42) 하나는 그 사람을 꾸짖어 이르되 네가 동일한 정죄를 받고서도 하나님을 두려워하지 아니하느냐 우리는 우리가 행한 일에 상당한 보응을 받는 것이니 이에 당연하거니와 이 사람이 행한 것은 옳지 않은 것이 없느니라 하고 이르되 <u>예수여 당신의 나라에 임하실 때에 나를 기억하소서</u> 하니.

모든 사람에 대한 주님의 구원 노력이 얼마나 집요하고 완전한지를 보여줍니다. 진실로 한순간 마음을 돌이켜도 구원이 이뤄집니다. 그러나 많은 사람들이 그렇게 마음을 돌이키고 나서 이 강도처럼 곧 죽는 것이 아닙니다. 대부분은 많은 시간을 이 땅에서 육신과 더불어 살다가 죽음을 맞게 됩니다. 남은 생의 과정에서 영접할 때 했던 단 한 번의 뉘우침과 돌이킴으로는 구원이 보장된다고 누구도 장담할 수 없습니다. 어떤 교파는 이것을 장담하며 가르치기도 하는데 그러면 성경의 많은 부분들을 부인하거나 왜곡해서 받아들이는 길을 선택해야 합니다. 성경은 분명히 뉘우침과 돌이킴이 지속되는 희생과 사랑의 자기 부인과 십자가의 길을 온 성경과 예수님의 삶과 제자들의 삶을 통해서 강조하고 있기 때문입니다.

십자가에서 주님이 이루신 구원 은혜의 완전함에 사람이 보탤 것은 전혀 없습니다. 가장 낮은 사람이나 세상에서 높임 받는 사람이나 할 것 없이 모든 사람을 가장 존귀한 존재로 만든 것은 주님의 피입니다. 이것은 값을 매길 수 없이 고귀합니다. 십자가에서의 주님의 희생보다 더 큰 영혼은 없습니다. 주님의 십자가 희생이 덮지 못할 영혼은 없다는 말입니다. 주님의 십자가는 사람들이 쌓아놓은 모든 자신감과 뿌듯함과 자랑과 자만과 교만의 산들을 허물어버리고, 허세 부리는 자들을 내려 낮게 하고, 그 업적들이 모두 완전히 무가치한 것으로 내팽개쳐지는 곳입니다. 주님의 십자가는 이런 것들을 평평하게 만드는 위대하고 거룩한 곳입니다.

아주 많은 사람들이 주님에게 도달하는 길 앞에 쳐놓은 장벽들과 굽은 길들이 있지만, 십자가는 이것들을 완전히 파괴합니다. 이것저것을 성취하라고 요구하는 그럴듯한 길들도, 높고 험한 길들도, 헛된 종교적 가르침들도 모두 제거된 것입니다. 사람의 노력으로 얻어지는 것은 하나도 없으며 모든 것이 값없이 받는 선물입니다. 진심으로 뉘우치고 주님 앞에 무릎을 꿇은 자에게 헤아릴 수 없는 값을 지닌 십자가 은혜가 주어진 것입니다. 지금도 여전히 주님의 두 팔은 넓게 벌려져 있으며, 주님께 오는 자는 그 누구라도 존귀한 여김을 받기 때문입니다. 삶에서 사람들의 지위가 아무리 비천하고, 한 것이라고는 자기만을 위해 몸부림친 것밖에 없다 할지라도 말입니다. 뉘우치고 돌이키기만 하면 됩니다.

주님의 피 앞에서 사람의 가치는 결코 그가 한 일들이나 세상적인 가치에 의해 판단되지 않습니다. 이 땅의 모든 부한 자들은 주님의 보혈 앞에서 낮아질 것입니다. 그런 것들은 아무런 가치도 부여받을 수 없습니다. 지금 사람들 눈에 보기에 더러워 보이고 병들어 보이고 자기 삶을 스스로 지탱하기조차 어려워 보이는 사람들이 주님 앞에 특별하게 마련된 곳에 나아가게 될 것입니다. 그들을 낮고 천하게 내려다보던 사람들의 생각들과 세상의 이론들은 주님의 피로 인해 영원히 씻겨 사라진 것입니다. 오직 사람들의 생각과 세상의 가치 시스템과 세상 임금의 가증한 마음속에서만 그들을 판단하고 차별하고 천하게 여기고 있을 뿐입니다. 이 땅에서 높아진 자들은 반드시 낮아지게 될 것이고, 자신의 낮아짐 안에서도 기쁨은 충만할 것입니다. 이 땅의 낮고 천한 자들, 특히나 그 마음이 낮고 작고 비워진 자들은 높임을 받게 될 것이고 생명 그 자체의 존귀한 가치로 회복될 것입니다. 더 이상 사람은 이것과 저것 사이를 판단하지 못하게 될 것이고, 모든 것은 주님의 피로 회복되었음을 알게 될 것입니다.

> *(엡 1:7) 우리는 그리스도 안에서 그의 은혜의 풍성함을 따라 <u>그의 피로 말미암아 속량 곧 죄 사함을 받았느니라</u>*

> *(엡 2:5) 허물로 죽은 우리를 그리스도와 함께 살리셨고(너희는 은혜로 구원을 받은 것이라)*

여러분 우리 함께 기뻐합시다. 진실로 주께서 이루신 십자가 공로로 우리의 죄와 허물은 사라지고 우리를 구원하셨습니다. 구원을 위해 여기에 더 보탤 것은 없습니다. QT를 더 해야 하고, 새벽기도 해야 하고, 십일조 해야 하고, 봉사 더해야 하고, 교회에서 시키는 일을 더 해서 이 구원에 보탤 것은 하나도 없습니다. 뭔가를 더 해야 한다고 가르치는 것이 있다면 그것은 십자가 죄 사함의 은혜의 완전함을 온전히 전하지 못하고 있는 것입니다. 그러나 주님의 피로 죄 사함의 은혜가 완전하게 주어졌고 사람의 공로가 더해질 게 없다고 하면서, 왜 계속해서 경건하고 희생하고 사랑하며 살라고 가르치고 또 이런 게 없으면 구원이 취소되는 것처럼 가르치는지에 대해 의문을 가질 수 있습니다. 회개를 통한 죄 사함을 통해 구원의 은혜는 주어지지만, 그 이후의 삶, 곧 거듭남의 삶(부활의 삶, 성화)은 여러 면에서 중요한 의미를 갖기 때문입니다. 하늘의 열매로 구원된 자기 모습을 확인해나가는 것, 하나님 나라의 확장을 위한 주님과의 동행과 동역, 그리고 구원 완성 때 주어질 영광의 상급과 관련되어 있습니다. 이후에 계속되는 거듭남, 거듭남 이후의 삶, 구원 완성과 영광의 상급 부분에서 그리고 '오직사랑으로' 시리즈를 통해 충분히 나눠보도록 하겠습니다.

셋째, 거듭남은 자기 삶을 주님께 드리는 것과 관련되어 있습니다. 십자가 죄 사함의 은혜를 얻기 위해서는 반드시 회개의 과정을 거쳐야 한다고 나눴습니다. 그 회개가 온전히 이뤄졌다면 반드시 자기 삶을 주님께 드리는 일이 같은 맥락에서 이뤄집니다. 그동안 세상의 가치 기준을 따라 살고, 자기 배를 채우고, 자기 욕구를 충족시키는 일에 모든 시간과 에너지를 쏟으며 살았다는 것이 죄의 뿌리임을 알게 되고 그런 삶이 싫어지고 진저리가 나게 되는 과정들을 거치게 됩니다. 자연스럽게 오직 이웃을 위해 살고 싶고, 오직 주님을 위해 살고 싶어지고 세상의 실체에 대해 눈을 뜨고 경계하며 살아가게 됩니다. 그리고 자신의 삶을 경영해오던 자기의 의지와 계획과 욕심을 주님께 맡겨 드리게 됩니다. 이 과정은 한순간에 이뤄지기도 하지만 많은 경우 꽤 많은 시간이 걸리면서 이뤄집니다. 주님은 부드러우시고 섬세하기가 누구의 상상도 뛰어넘기 때문에 결코 거칠게 이 과정을 끌고 가지 않으십니다. 그 어떤 부드러운 사람보다도 더 부드러운 말로 속삭이시고 삶의 사건들을 조율해가며 우리의 삶을 주님께로 바치도록 인도하십니다.

(요 3:3) 예수께서 대답하여 이르시되 진실로 진실로 네게 이르노니 <u>사람이 거듭나지 아니하면 하나님의 나라를 볼 수 없느니라</u>

(롬 13:12) …… 우리가 어둠의 일을 벗고 빛의 갑옷을 입자

두 말씀이 다른 것 같지만 같은 뜻을 의미합니다. 자기가 행하며 살아온 일들, 아니 오늘 내가 하고 있는 일들이 여전히 자기 자신을 위한 삶이고 주님과 이웃을 위한 삶이 아니라는 사실을 알게 되는 것은 꽤 성숙한 영적 도약입니다. 진실로 그것이 어둠의 일과 얼마나 깊이 관련되어 있는가를 더 깊이 알게 될수록 성장은 계속됩니다. 그리고 도무지 나 자신은 나 자신을 위해 사는 것밖에는 할 수 없는 존재라는 것을 깨닫고 내 삶을 주님께 완전히 맡기는 것만이 주님과 이웃을 위한 삶을 살 수 있는 유일한 길임을 알고 기꺼이 자기 자신을 내려놓는 삶으로 한 발짝씩 더 다가가는 것이 거듭남의 실체입니다. 이 세상의 강력한 영향력 아래에서 세상의 기준을 따라 살고 싶지는 않은데, 어찌할 방법을 알지 못하게 되면서 주님의 개입을 간절히 구하고 인도하심을 구하는 것이 점점 더 깊어지는 것이 거듭남의 실체입니다.

예수님을 영접할 때 자기의 삶을 주님께 맡기는 기도도 하게 됩니다. 혹은 교회에서 새 신자 교육을 받을 때 자기 삶의 보좌에서 내려와 주님을 그 보좌 위에 앉히는 것을 고백하며 따라 하기도 합니다. 이런 과정이 진심으로 이뤄졌다면 확실히 주님은 거듭남의 비밀과 실체를 드러내시면서 우리의 삶을 변화시켜 가십니다. 이런 거듭남은 결코 일회적으로 완성되는 것이 아니라, 생을 마감하는 순간까지 지속되는 하늘 백성의 재탄생 과정입니다. 진실로 갓 태어난 아기가 나자마자 보호받지 못한 채 방치되면 그 아기는 죽게 되는 것과 똑같습니다. 주님의 끊임없는 사랑과 인간의 자유의지와의 관계를 이 부분에 적용해서 묵상해보신다면, 이 의미를 어렵지 않게 이해하시리라 믿습니다.

(요 10:34) 예수께서 이르시되 너희 율법에 기록된바 내가 너희를 신이라 하였노라 하지 아니하였느냐

하나님은 우리를 신, 작은 예수들, 하나님의 아들들, 하나님의 백성들로 만들고 계신 것입니다. 사람이 이 땅에 태어나고 다시 아버지

께로 돌아가는 것, 이 안에 엄청난 하늘의 비밀이 있습니다. 하늘의
천사들도 그 존귀한 위엄을 경외하고, 지옥의 타락한 천사들이 두려
워하는 위엄이 있습니다. 주님께 자신의 삶을 맡긴 자들에 의해 주님
의 삶과 죽음과 부활이 반복하고 또 반복해서 발생하는 것입니다.

> *(갈 2:20) 내가 그리스도와 함께 십자가에 못 박혔나니 그
> 런즉 이제는 내가 사는 것이 아니요 오직 내 안에 그리스도
> 께서 사시는 것이라……*

> *(요 17:23) 곧 내가 그들 안에 있고 아버지께서 내 안에 계
> 시어 그들로 온전함을 이루어 하나가 되게 하려 함은……*

진실로 주님은 주님께 삶을 바친 이들을 온전하게 만드십니다. 여
기에는 천사들도 가질 수 없는 뭔가가 있습니다. 자신의 삶을 주님께
바친 이들은 주님과의 연합에서 진정한 하나를 느낍니다. 그 어떤 창
조된 피조물들도 가질 수 없는 하나 됨입니다. 예수님께서 십자가에
서 고난 가운데 들려지고, 그 후 영광 중에 하늘 높이 올려져 하나님
우편에 앉으실 때 우리도 함께 그 자리에 앉히신 것입니다. (요 12:32)
내가 땅에서 들리면 모든 사람을 내게로 이끌겠노라 하시니.

하나님을 하나님의 피조물에게 완전히 준다는 것, 그 안에 참으로
큰 비밀스러움이 있습니다. 그렇습니다. 주님은 땅에 떨어져 죽는 밀
알이며 추수 때에 거대한 규모의 밀을 거두어 드립니다. 창조된 모든
것이 완성을 향해 일련의 과정을 거치고 다시 주님께로 돌아갑니다.
자기 자신을 죽음으로 받아들이고 그 삶을 주님께 맡긴 한 사람 한
사람의 영광이 이와 같습니다. 이 신비로운 죽음 안에 얼마나 많은 하

늘의 비밀이 있는지 모릅니다. 주님을 우리 한 사람 한 사람에게 주시고, 우리의 삶을 통해 우리는 죽고 우리 속에 주님이 살고, 어떻게 부활하는지에 대해, 우리는 오직 천국에서만 이것을 온전히 이해할 수 있게 될 것입니다. 분명한 사실은 우리가 작은 예수들인 것입니다.

이걸 이해하려고 너무 부담을 갖지는 맙시다. 머지않아 수정이 맑은 것처럼, 우리가 분명하게 이해하는 때가 올 것입니다. 지금은 이 땅의 악한 세력들과 싸우는 시기입니다. 그들이 여전히 주의 백성들을 짓밟고 있습니다. 지금은 여전히 시험과 고난의 시기인 것입니다. 그러나 자기의 삶을 주님께 바친 자들에게 주시는 생명의 영광은 이 싸움에서 이기는 자들을 통해 밝게 빛날 것입니다.

> *(벧전 1:3) 우리 주 예수 그리스도의 아버지 하나님을 찬송하리로다 그의 많으신 긍휼대로 <u>예수 그리스도를 죽은 자 가운데서 부활하게 하심으로 말미암아 우리를 거듭나게 하사 산 소망이 있게</u> 하시며*

넷째, 거듭남 이후의 삶은 곧 부활의 삶입니다. 이 부활의 삶은 예수님이 죽으시고 3일 후에 다시 살아나신 사건과 깊은 연관이 있습니다. 예수님의 부활은 예수님의 부활 그 자체로서만 의미가 그치지 않습니다. 그에 속한 모든 자가 함께 부활함을 보이신 것입니다. 주께서 다시 강림할 그날에 주 안에서 죽은 자들이 살아나고 이 땅에 살고 있는 주님의 자녀들이 하늘로 들어 올려질 것을 우리는 알고 있으며 소망하고 살고 있습니다. 그 때 죽은 자들이 살아나는 부활은 모든 사람의 눈에 보이는 부활이 될 것입니다. 참으로 찬란한 사건이요, 인류가 경험한 사건 중에 가장 아름답고 영광으로 찬란하게 빛날 일이 될 것입니다. 그러나 눈에 보이지 않는 영적인 부활이 거듭났을 때 일어납니다. 거듭난다는 말 자체에 그 의미를 포함하고 있습니다.

> *(골 3:3~4) 이는 너희가 죽었고 너희 생명이 그리스도와 함께 하나님 안에 감추어졌음이라 우리 생명이신 그리스도께서 나타나실 그 때에 너희도 그와 함께 영광 중에 나타나리라*

예수님을 영접했을 때도 우리는 살아 있었고, 지금도 우리는 살아 있습니다. 이것은 육의 시선으로 본 것입니다. 실제로 하늘의 관점으로 볼 때 우리의 진짜 생명은 거듭날 때 그리스도와 함께 하나님 안에 감추어져 있습니다. 그리고 그 주님이 우리 안에 들어오셔서 지금 내주하시며 여전히 존재하는 죽음의 그림자인 죄 된 속성들을 제거해가시면서 생명을 계속해서 드러내고 계십니다. 그리고 마침내 주께서 강림하실 그 때 우리의 온전한 실체 곧 감춰졌던 우리 생명의 실체가 주님과 함께 하늘에서 영광 중에 나타나게 될 것입니다. 지금은 이처럼 감춰져 있으나 그 날에는 모든 사람의 눈으로 보게 될 것이고, 그 이후로 영원히 주님과 함께 온전하고 영광으로 충만한 생명과 사랑의 완전한 존재로 살게 됩니다.

복음을 설명할 때 예수님 십자가 죽음을 좀 더 강조하는 경향이 있는데, 그만큼 부활의 의미와 지금 우리 삶에서 그 부활이 어떻게 드러나는지에 대해서는 우리가 모르는 것이 많은 것 같습니다. 그저 부활은 저 먼 훗날에 있을 일로 생각하는 마르다의 모습과 같은 상황입니다.

> *(요 11:23~24) 예수께서 이르시되 네 오라비가 다시 살아*
> *나리라 마르다가 이르되 마지막 날 부활 때에는 다시 살아*
> *날 줄을 내가 아나이다*

지금도 주님은 우리 삶과 영의 부활을 먼 훗날에만 행하시는 것이 아니라 지금 행하신다는 것을 빗대어 말씀하신 것은 아닐까요? 그렇습니다. 주님은 주님께 삶을 맡긴 자의 삶을 곧바로 부활의 삶으로 인도하십니다. 이 부활의 삶은 성화와 같은 맥락에서 이해해도 좋을 것 같습니다. 그러나 같다는 뜻은 아닙니다. 성화는 다소 자기 개인의 거룩해져 가는 것에 초점이 맞춰져 있다면 부활이 삶은 개인의 기룩힘을 포함해서 하나님 나라의 확장을 위해 어둠의 세력을 공격해 들어가 잃어버린 영혼들을 주님께로 인도하는 놀라운 사역, 즉 주님과 함께 동역함의 내용도 포함하고 있습니다. 즉, 천국의 확장, 생명의 나라의 확장이란 아주 중요한 내용이 포함되어 있습니다. 믿음이란 단어를 중심으로 이해하면 칭의와 성화로 접근하기 쉽지만, 믿음과 사랑의 두 날개로 접근을 한다면 부활의 삶이 의미하는 것이 결국 성경이 말하는바 지상 명령인 '서로 사랑하라'와 '땅 끝까지 이르러 주님의 증인이 되라'와 하나님의 근본 속성과 그 속성으로 지은 바 된 하나님의 형상 회복과 천국의 개념을 이해하는 열쇠를 제공합니다.

부활의 삶은 세상에 물들지 않는 삶입니다. 예수님이 세상에 대해 얼마나 치열한 싸움을 싸우시고 이기셨는지 우리는 잘 압니다. 그리고 우리도 세상에 결코 속해서는 안 되고 속할 수 없는 존재라고 수없이 말씀하셨습니다.

> *(요 7:7) 세상이…… 나를 미워하나니 이는 내가 세상의 일들을 악하다고 증언함이라*

> *(요 15:19) 너희가 세상에 속하였으면 세상이 자기의 것을 사랑할 것이나 너희는 세상에 속한 자가 아니요 도리어 내가 너희를 세상에서 택하였기 때문에 세상이 너희를 미워하느니라*

> *(요 16:33) 세상에서는 너희가 환난을 당하나 담대하라 내가 세상을 이기었노라*

예수님이 경계하라 하신 세상에 대해서 모호하거나 복잡하게 생각할 것이 없습니다. 우리가 살아왔고 지금 살고 있는 세상 이 자체를 말씀하고 계신 것입니다. 돈을 더 벌려고 하고, 높아지려고 하고, 먹고 보며 끝없이 우리 육체의 욕구를 채우는 곳 그 자체입니다. 이 세상에서는 지금 살아온 것처럼 살아가는 것이 당연하게 느껴지겠지만, 그 당연한 것들에 이제는 더 이상 물들지 말고 맞서 싸워야 한다고 주님은 2000년 전이나 지금이나 앞으로도 동일하게 말씀하고 계십니다. 세상의 가치 시스템과 가르침은 단순합니다. 돈을 사랑하고, 자기 자신을 높이고, 최대한 즐기며, 잘 먹고 잘 살라는 것입니다. 세상의 모든 가르침이 다 자기를 사랑하며 살라고 하는 것입니다. 복음의 첫 번째 항목에서 회개를 얘기할 때 나 자신을 위해 살아온 것에 대한 회개가 뉘우치고 돌이켜야 할 것임을 나눴습니다. 세상의 가치 기준과 가르침을 따라 산다는 것이 곧 자기를 사랑하며 사는 것이기 때문에 똑같은 회개의 대상이고 돌이켜야 할 것들입니다. 우리 삶을 주님께 바쳤을 때 주님은 우리 안에 들어오셔서 행하시는 일이 바로 이 세상에 물들지 않도록 세상과 멱살을 잡고 싸우고 계신 것입니다.

(갈 5:16~17) 내가 이르노니 너희는 성령을 따라 행하라 그리하면 육체의 욕심을 이루지 아니하리라 육체의 소욕은 성령을 거스르고 성령은 육체를 거스르나니 이 둘이 서로 대적함으로 너희가 원하는 것을 하지 못하게 하려 함이니라

세상에서의 삶, 즉 돈을 의지하고 추구하고, 여러 모양으로 자기를 높이고, 자기 마음의 원하는 것들을 하고, 잘 먹고 또 더 맛있는 것을 찾으러 다니는 삶. 이런 세상의 삶은 육체의 소욕과 정확히 일치하기 때문에 주님은 육체의 소욕을 죽이라고 권하고 있습니다. 회개와 주님 영접과 자기 삶을 진심으로 주님께 맡길 때, 확실히 성령님은 우리 안에 오셔서 육체의 소욕, 즉 마음에 원하는 여러 욕구와 전면전을 벌이십니다. 육체의 욕심은 계속해서 성령의 인도하심을 거스르는 쪽으로 갑니다. 반대로 성령님은 육체의 욕심을 거스르는 쪽으로 갑니다. 선택권은 오직 자기 자신에게 있습니다. 자유의지의 놀라운 승리냐 패배냐가 이 싸움에서 하루에도 여러 번 일어납니다. 자기 자신을 위해 사는 삶을 회개하게 하시고 그런 근성이 자꾸 고개를 들 때에 포기하게 만드시고, 누구나 다 따라가는 세상의 기준을 따라 맹렬하게 달려온 우리의 인생에 주님은 그렇게 개입하시고 하늘로 가는 길로 인도하십니다.

너무도 존귀하신 성도 여러분! 우리가 만약 자기를 위해 돈 잘 벌고, 자기를 위해 돈 많이 쓰고, 자기를 위해 아름답게 가꾸고, 자기를 위한 온갖 목표와 고지를 잘 달성하는 삶을 살았다면 세상의 눈에 보기에 아주 아름다워 보일 수 있습니다. 그러나 이것은 겉모습에 불과합니다. 세상의 눈으로 보기에 보기 좋은 겉모습, 즉 천 조각처럼 얇은 나무 판때기 같은 것을 붙들고 자기를 가리거나 치장하고 있다면, 우리 삶의 모든 목적과 뜻은 그저 실패로 끝나게 됩니다. 우리가 빛을 발산하고 열방에 빛이 되라고 주님은 우리를 창조했습니다. 하지만 세상의 업적들을 쌓는 일에 우리의 빛이 파묻힌다면 우리는 결코 우리를 향한 주님의 목적을 달성하지 못할 것입니다. 우리가 우리의 영혼 깊숙한 곳으로 더 깊이 더 깊이 들어가기를 주님은 원하십니다. 그곳에서 주님은 거룩함의 기초를 다지고 계시기 때문입니다. 여기에는 우리의 동의와 동역의 수고가 전적으로 필요합니다. 결코 주님 혼자서 할 수 없습니다. 이 기초 다지는 작업은 바위 위에 다지는 것처럼 단단할 것이며, 결코 세상이라는 휩쓸려 가는 모래 위에 세우는 것과 같지 않습니다. 모래 위에 세워진 이런 것들은 다 우리로부터 벗겨지고 죽음을 맞이하게 될 것입니다.

(마 7:24~26) 그러므로 누구든지 나의 이 말을 듣고 행하는 자는 그 집을 반석 위에 지은 지혜로운 사람 같으리니 비가 내리고 창수가 나고 바람이 불어 그 집에 부딪치되 무너지지 아니하나니 이는 주추를 반석 위에 놓은 까닭이요 나의 이 말을 듣고 행하지 아니하는 자는 그 집을 모래 위에 지은 어리석은 사람 같으리니

세상의 모든 것이 제거될 것이고, 오직 천국과 주님과 함께 복음에 합당한 삶을 살아간 사람들만이 남게 될 것입니다. 이것이 복음과 함께 살아간 사람들의 영원입니다. 천국은 이 세상과 정말로 다른 곳입니다. 오직 진리와 우리 영혼의 존귀한 가치가 드러날 것이고 영광스럽게 될 것입니다.

주님은 우리를 위해 죽으셨습니다. 온 만물의 창조주이신 하나님의 피가 공의의 제단 위에서 희생을 당하고, 그 피로 우리의 죄들은 깨끗이 사함을 받았고, 우리는 정결하게 되었습니다. 이 세상에서 뭔가 업적을 쌓거나, 우리가 할 수 있는 뭔가를 하는 것, 그 어떤 것도 주님 피의 값어치와 비교할 수 없습니다. 오직 주님만이 이뤄내신 것입니다. 왜냐하면 우리 한 사람 한 사람의 영혼 그 자체가 주님께 너무나도 존귀하고 사랑스럽기 때문입니다. 우리가 이 세상에서 쌓아 올리는 그 모든 것, 우리 자신의 가치를 높이기 위해 하는 그 어떤 것들, 이 모든 것이 우리를 통해 발산하는 주님의 빛을 훼손하고 우리 자신을 주님의 빛에서 빼앗아 가버립니다. 우리가 세상의 업적과 월계관을 얻고자 한다면, 우리는 반드시 세상의 가치 시스템을 따라서 살아야만 합니다. 그렇게 살게 되어 있습니다. 그 세상은 영적인 빛이 하나도 없습니다. 세상은 그저 물질들로 창조된 것이며, 진정 중요한 것이 그 안에 없습니다. 그 본질은 생명이 아닙니다. 그 본질은 물질인 것입니다. 끊임없이 휩쓸리고 움직이며 멸망해가는 상태를 가진 물질들일 뿐입니다. 그 모양이 아무리 화려하고 좋아 보이고, 아무리 비싼 돈을 주어야 하는 것이라 할지라도, 모든 사람이 다 추구하는 것들이라 할지라도 그 본질이 이렇습니다. 결국은 다 소멸될 것들일 뿐입니다.

> *(벧후 3:10) 그러나 주의 날이 도둑같이 오리니 그 날에는 하늘이 큰 소리로 떠나가고 물질이 뜨거운 불에 풀어지고 땅과 그중에 있는 모든 일이 드러나리로다*

마지막 대환란 때 세상에 쌓아 올린 사람들의 모든 것이 사라지는 것은 자명한 일입니다. 더 충격적인 것은 그렇게 쌓아 올리며 수고한 구원받은 자들의 공로도 재와 같이 사라진다는 것입니다. 그저 불 가운데서 겨우 구원을 얻게 되고 천국의 그 놀라운 상급에는 참여를 거의 하지 못하게 됩니다. 도리어 이런 속성을 가진 세상에 계속해서 파묻혀 살아가다 보면 구원이 위태로운 지경에까지 이르게 됩니다. 우리가 세상의 기준을 따라 삶을 살아갈 때, 우리는 어둠 속을 걷고 있는 것이며, 우리의 빛을 자신의 선택으로 완전히 꺼버리는 것이며, 그것이 바로 멸망으로 가는 길이며, 죽음으로 에워싸이는 것입니다. 너무나도 사랑하고 존경하는 성도이자 동역자인 여러분, 우리를 창조하신 하나님의 형상을 닮아갑시다. 우리의 가치는 측량할 수 없이 광대합니다. 십자가에서 치르신 주님의 죽음은 우리의 지독히도 다루기 힘든 길을 곧게 하는 속죄를 이루시고, 우리를 다시 영생의 빛으로 인도하는 데 전혀 부족함이 없습니다.

> *(눅 16:15) …… 사람 중에 높임을 받는 그것은 하나님 앞에 미움을 받는 것이니라*

우리에게 필요한 것이 있다면, 그건 하나님과 사람 앞에서 벌거벗은 모습으로 행하는 것입니다. 그러면 우리의 빛이 밝게 빛날 것입니다. 우리를 향한 주님의 사랑을 우리가 발견하고, 주님의 임재 앞에서 진정 우리가 어떤 존재인지를 깨닫는다면, 우리가 가진 가치 시스템은 그 즉시 바뀔 것입니다. 사람에게서 높임을 받고 상을 받는 것이 진실로 어떤 것인지 아시는지요? 우리 몸에 너덜너덜하게 달려 있는 더러운 걸레에 불과합니다. 음식물 쓰레기봉투에서 터져 나온 악취 나는 오물에 불과합니다. 이와 같이 사람이 세상에 오염되고, 사람에게서 칭찬을 받고자 하여 행하는 것들이 하늘에서 보기에는 더럽기 짝이 없으며, 하늘이 준 주님의 빛을 질식하게 만듭니다.

(갈 6:14) ⋯⋯ 그리스도로 말미암아 세상이 나를 대하여 십자가에 못 박히고 내가 또한 세상을 대하여 그러하니라

주님의 사랑을 향해 우리 자신을 활짝 엽시다. 우리가 이전에 알았던 그 어떤 사람도 주님과 같은 분은 없습니다. 모든 사람이 부패하고 진실한 사랑이 부족합니다. 우리를 사랑해주시는 부모라 할지라도 주님과는 비교할 수 없습니다. 주님이 우리를 사랑하실 때, 주님은 주님의 사랑에 세상의 가치를 섞지 않으십니다. 주님은 아버지 하나님의 아름다움과 독창적인 것들을 우리 안에서 보십니다. 우리가 지음을 받을 때 바로 그 아름다움과 독창적인 것들로 우리를 창조했기 때문입니다. 주님은 우리를 이 썩어가는 세상으로부터 구원하시고, 주님과 함께 천국에서 우리와 영원히 함께하기를 간절히 갈망하고 계십니다. 아무것도 두려워할 것이 없고, 아무것도 주님께 숨길 것이 없습니다. 벌거벗은 채로 주님께 나아갑시다. 그러면 주님께서 우리를 주님의 의로움으로 옷을 입힐 것입니다.

> *(골 3:23~24) 무슨 일을 하든지 마음을 다하여 주께 하듯 하고 사람에게 하듯 하지 말라 <u>이는 기업의 상을 주께 받을 줄 아나니</u>……*

다섯째, 구원 완성과 영광의 상급은 부활의 삶에 대한 결과입니다. 우리가 진심으로 회개하고, 우리 삶을 주님께 맡긴 고백을 한 후, 부드럽고 온화한 주님의 인도하심에 따른 부활의 삶을 걸어왔다면, 참으로 넉넉하게 구원에 이를 뿐 아니라 이루 말할 수 없는 하늘의 상급이 우리에게 주어질 것입니다.

> *(벧후 1:10~11) 그러므로 형제들아 더욱 힘써 너희 부르심과 택하심을 굳게 하라 너희가 이것을 행한즉 언제든지 실족하지 아니하리라 이같이 하면 우리 주 곧 구주 예수 그리스도의 영원한 나라에 들어감을 <u>넉넉히</u> 너희에게 주시리라*

구원 그 자체에 대해서는 십자가에서 행하신 주님의 깊은 고통과 사랑이 담겨 있는 보혈로 인해 모든 인류에게 주시는 죄 사함을 통해 이루어졌고, 어떤 인간의 공로도 그 구원의 놀라운 은혜에 더할 것은 하나도 없습니다. 오직 회개하고 주님께 무릎을 꿇은 모든 이에게 주시는 한없는 하나님의 은혜입니다. 거기에 더해서 우리가 이웃을 부드럽고 영예롭게 대하며 사랑한 만큼, 자기의 이익과 욕심을 따르지 않는 깨끗한 마음으로 행한 모든 선한 일에 대해 그 하나하나를 다 헤아려서 주님은 말로 표현할 수 없는 영광의 상급을 주실 것입니다. 그리고 비록 이 땅에서는 구원의 완성이 이뤄지지 않지만, 이 땅을 살

면서도 우리가 구원의 완성을 향해 흔들림 없이 걸어가고 있음을 주
님은 아주 많은 경로로 보여주십니다. 그것이 곧 성령의 열매입니다.

*(갈 5:22~23) 오직 성령의 열매는 사랑과 희락과 화평과
오래 참음과 자비와 양선과 충성과 온유와 절제니 이 같은
것을 금지할 법이 없느니라*

한마디로, 오직 주님 오직 이웃을 위한 삶이 성령의 열매입니다.
자기를 위한 삶을 그치고, 이웃을 존귀하게 대하며, 세상에 물들지
않고, 오직 주님만을 바라보는 삶을 사는 모습을 9가지 단어로 표현
한 것입니다. 이러한 모습이 자기 내면에서 조금씩 보일 때 충분히
기뻐합시다. 그 누구도 알아보지 못하는 구원의 비밀이 이미 자기
자신에게 이루어진 것임을 주님께서 보여주시는 것입니다. 다음 날
일어날 때 오늘은 어떤 사랑으로 이웃을 섬길까 하는 잔잔한 기대로
일어난다면, 오늘은 어떤 일들로 주님을 기쁘시게 할까가 기대된다
면 크게 기뻐하십시다. 그 마음속에 주님께서 들어와 계셔서 구원의
완성을 향해 이끌고 계심을 보고 있는 것입니다. 그렇게 매일을 사
는 자에게 구원을 넉넉하게 주실 뿐 아니라 형언할 수 없는 영원한
상급이 예비되어 있습니다.

*(벧후 1:5~9) 그러므로 너희가 더욱 힘써 너희 믿음에 덕
을, 덕에 지식을, 지식에 절제를, 절제에 인내를, 인내에 경
건을, 경건에 형제 우애를, 형제 우애에 사랑을 더하라 이
런 것이 너희에게 있어 흡족한즉 너희로 우리 주 예수 그리
스도를 알기에 게으르지 않고 열매 없는 자가 되지 않게 하
려니와 이런 것이 없는 자는 맹인이라 멀리 보지 못하고 그*

부활의 삶에서 경험하는 의의 열매들이 없다면 베드로 사도가 지적한 것처럼 맹인입니다. 그 상황은 심각합니다. 회개를 통해 얻은 구원의 은혜를 상실할 위기에 처해 있는 것입니다. 구원을 위해 행하신 주님의 십자가 공로에 우리가 더할 것은 없지만, 그 구원의 밧줄을 붙들고 있는 우리의 손을 놓게 만드는 유혹과 속임과 상황은 너무도 많이 찾아옵니다. 매일 찾아옵니다. 굳게 붙들고 있지 않으면 안 됩니다. 다시 말해 씨가 뿌려졌지만 뿌리를 내리지 못했거나, 새가 와서 먹어버렸거나, 뜨거운 해에 말라버렸거나, 가시덤불에 막혀서 열매를 맺지 못하는 상황이 되는 것입니다. 모두가 다 자기의 자유의지로 그렇게 선택한 결과들입니다. 앞서 설명한 자유의지에 의한 선택이 얼마나 무서운 결과들을 가져오는지에 대해서는 다시 설명할 필요가 없습니다. 한 번 회개와 영접으로 구원이 영원하다는 거짓말을 믿고 열매 없는 삶에 대해서는 신경 쓰지 않으며 계속 살기로 결정했다면, 누구도 그 결정에 대해 어쩔 수 없습니다. 다만 주님은 끝까지 진리와 사랑으로 계속 곁에서 슬퍼하며 기다리고 계실 것입니다. 그리고 머지않아 도래할 마지막 때에 주님의 정결한 신부들은 하늘로 올라가지만, 미지근한 믿음으로 살아간 사람들은 대환란을 겪고서 구원의 완성을 경험하게 될 것입니다.

(고전 3:12~15) 만일 누구든지 금이나 은이나 보석이나 나무나 풀이나 짚으로 이 터 위에 세우면 각 사람의 공적이 나타날 터인데 그 날이 공적을 밝히리니 이는 불로 나타내고 그 불이 각 사람의 공적이 어떠한 것을 시험할 것임이라

여기서 말하는 공적은 구원을 향한 예수님 십자가 보혈의 공로에
더할 수 있는 공적이 아닙니다. 성령님의 인도하심을 따라 살면서
쌓여진 공적이며 하늘에서 영광의 상급으로 받게 될 공적입니다. 자
기 유익을 구하지 않고 오직 사랑으로 행한 자기희생과 이웃 사랑과
주님 사랑에 대한 세세한 마음들과 행위들이 다 공적으로 쌓이게 됩
니다. 반대로 이런 열매가 없는 사람들은 실로 참혹한 환란을 겪게
되고 그 안에서 정금과 같이 연단되어 주님 앞으로 나아오게 될 것
입니다. 이 부분은 <오직사랑으로> 시리즈의 5권에서 좀 더 자세히
다루도록 하겠습니다.

구원에 대해서는 우리가 자랑할 것이 하나도 없습니다. 오직 예수
님의 십자가 보혈로 다 이루신 영광이요, 은혜이기 때문입니다. 사
도 바울도 이 사실을 잘 알고 있기에 이같이 말했습니다. (엡 2:8~9)
너희는 그 은혜에 의하여 믿음으로 말미암아 구원을 받았으니 이것
은 너희에게서 난 것이 아니요 하나님의 선물이라 행위에서 난 것이
아니니 이는 누구든지 자랑하지 못하게 함이라.

이렇게 말한 그가 자랑을 많이 하고 있는 구절들을 봅니다. (빌
2:16) 생명의 말씀을 밝혀 나의 달음질이 헛되지 아니하고 수고도
헛되지 아니함으로 그리스도의 날에 내가 자랑할 것이 있게 하려 함
이라. (살전 2:19) 우리의 소망이나 기쁨이나 자랑의 면류관이 무엇

이냐 그가 강림하실 때 우리 주 예수 앞에 너희가 아니냐.

사도 바울의 이 자랑은 구원에 대한 자랑이 아닙니다. 주께서 주신 사명 곧 이웃을 내 몸과 같이 사랑하고, 오직 주님만을 추구하며 살았던 자기 삶을 돌이켜 보며 그 열매들을 확인하고, 이에 대해 천국에서 상 주시리라는 주님의 말씀을 믿고서 하는 말들입니다. 즉, 상급에 대한 자랑인 것이지 구원에 대한 자랑이 아닙니다. 참으로 우리 주님의 은혜의 풍성함을 어찌 찬양하지 않을 수 있을는지요? 여전히 죄짓고 있는 우리에게 온전한 마음의 뉘우침과 돌이킴으로 주신 값없는 은혜의 구원도 벅찰 정도로 아름다운데, 행여 그 구원에 대해 의심하거나 공격을 받을까 하여 성령의 열매들을 확인케 하시어 구원의 여정에서 결코 흔들림 없이 주님과 함께 나아가고 있음을 하루에도 여러 번 확인시켜 주시고, 거기에 더하여 아주 작은 사랑의 실천과 자기희생들까지도 다 헤아려 상급으로 쌓아놓으시며 준비하고 계시니, 그 인자하심과 섬세하심과 완전하심과 풍성하심을 어찌 찬양하지 않을 수 있을는지요.

우리는 누구나 다 세상의 강력한 영향력에서 벗어나기 어렵습니다. 그래서 주님을 알기 전에는 여지없이 세상의 기준을 따라 살아가게 됩니다. 그러나 주님의 추격은 집요하시기 때문에 결국 우리는 그분에게 시선을 돌리지 않기가 어렵습니다. 그렇게 누구나 다 좇아가는 세상의 기준을 따라 살아가던 한 여인의 이야기를 나누고자 합니다. 윤정이는 자신의 삶을 치장하고 있는 겉모습에 대해 질려가고 있었습니다. 겉보기에는 높은 지위에 있고 반짝이는 것처럼 보였지만, 그 깊이는 얇은 나무판과 같았으며 그 안에는 거짓과 타협들로 가득했던 모습임을 스스로 부인할 수 없게 되었습니다. 정말로 이런 모습에 지쳐가고 있었습니다. 그때 윤정이는 자기 삶을 보며 이렇게 얘기했습니다. '이것이 나의 전부인가? 인생이란 연극 무대의 연극 배우처럼, 겉보기엔 똑똑해 보이고 사람들의 인정을 추구하는 내 자신의 이 껍데기 같은 모습이 정말로 나의 전부란 말인가? 오늘 이곳에 있다가 내일이면 어디론가 가버리는 그런 사람들의 눈에 비춰지고 있는 내 모습이 정말 나의 전부란 말인가?' 바람에 휩쓸려 사라지는 변덕스러운 사람들의 인정을 추구하는 내 모습. 그런 모습에 더 깊이 빠져들수록, 썩어가는 냄새가 더 많이 났음을 윤정이는 느꼈습니다. 그런 자신에게 점점 지쳐 갔습니다.

윤정이는 뭔가 더 중요한 것이 있음을 느꼈습니다. 사람들에게서 높임을 받는 것보다, 더 중요한 것이 인생에서 존재할 것이라는 것을 느꼈습니다. 자기 스스로 쳐놓은 한계선을 넘어 흥미진진한 뭔가가 있음을 느꼈습니다. 테레사 수녀의 모습에서 윤정이는 그걸 볼 수 있었습니다. 미지근한 삶을 뒤로하고 뭔가 엄청난 기회를 붙잡은 그런 영혼들은 자기 자신을 훌쩍 뛰어넘어 뭔가를 추구하고 있었음을 윤정이는 느낄 수 있었습니다.

그런 분들의 모습에서 윤정이는 자신이 가지지 못한 위대한 어떤 것을 보았고, 그저 평범한 자기 삶을 쳐다보면서 위대한 어떤 것을 원하게 되었습니다. 그러나 그때 윤정이는 도전과 시험을 받아들일 만한 준비가 되어 있지 않았습니다. 그런 분들이 가진 것을 얻기 위해 자기가 가진 모든 것을 기꺼이 포기하기엔 준비가 되어 있지 않았습니다.

그러나 서서히 주님은 윤정이를 세상으로부터 떠나올 수 있도록 도와주셨습니다. 윤정이가 눈치채지도 못하는 사이에 그렇게 하셨습니다. 그리고 윤정이는 미지의 낭떠러지 아래로 다이빙하듯이 뛰어내렸습니다. 그곳에는 주님의 팔이 있었고 윤정이의 심령이 갈급해하던 것들이 바로 그곳에 있었음을 발견하게 되었습니다. 윤정이 마음속 깊은 곳에서 끊임없이 솟구치던 꿈과 열망을 주님 팔에 가득 안고 계셨습니다. 그렇게 윤정이가 갈망하던 사랑은 이 세상에서는 결코 찾을 수 없었던 것이었습니다. 예수님께서 윤정이를 사랑하고 계시며, 그 사랑이 윤정이에게 너무도 선명한 실재임을 느끼게 만들어주시기 전까지, 윤정이는 그런 사랑이 존재한다는 사실을 몰랐습니다.

얇은 판때기 같은 윤정이의 모습은 그렇게 사라지고, 타협하며 살던 윤정이 인생의 부패한 것들이 치유된 것입니다. 성경 말씀처럼 '숨은 것이 장차 드러나지 아니할 것이 없고 감추인 것이 장차 알려지고 나타나지 않을 것이 없느니라.' 이 말씀처럼 된 것입니다. 윤정이의 감춰진 것은 드러났고, 소망이 없는 것처럼 보였고, 윤정이의 삶을 향한 진정한 의미를 발견할 수 있는 준비가 온전히 되었습니다.

윤정이는 주님을 온전히 받아들이기 전에 세상에서 여러 일을 이루면서 윤정이의 껍데기 같은 삶을 여러 해 동안 쌓아 올렸습니다. 아주 유명한 사진작가로서 일했으며, 잡지의 기사들이 윤정이가 찍은 사진들을 앞다퉈 사용했고, 풍요한 소비와 은행 잔고와 유명하고 영향력 있는 사람들로부터 초대를 받으며 살았습니다.

여러분도 이런 부패하고 그저 그런 삶을 떠나도록 주님의 초대를 최소한 여러 번 받았을 것이라고 확신합니다. 진리를 붙잡고 주님의 임재의 빛 가운데 서도록 초청을 받았을 것입니다. 그렇게 윤정이는 자기가 살아온 정체된 것 같은 삶을 어느 날 끝내게 되었습니다. 그리고 윤정이는 주님 앞에서 벌거벗은 자기 모습을 보았습니다. 윤정이는 준비되어 있었던 것이죠. 이기적인 삶, 가식으로 덮인 삶, 자기 자신을 다른 사람에게 잘 보이기 위해 뒤집어쓰고 있던 겉모습과 거짓들에 대해 윤정이는 정말로 진저리가 나 있었습니다. 윤정이는 거룩해지기를 갈망했습니다. 사람이 아닌 하나님 앞에서의 거룩함을 갈망했습니다.

윤정이는 과거에 무시당하고 조롱을 당한 적이 있는데, 그걸로 인해 철로 된 벽 같은 것이 자기와 다른 사람들 사이에 세워졌고, 그 벽은 하나님과 윤정이 사이에도 세워졌습니다. 윤정이는 갈보리에서 흘리신 예수님의 보혈 속에 담겨 있는 자신의 진정한 가치를 인식하지 못했었고, 세상적인 기준을 가지고 세상 사람들이 자기를 어떻게 보고 있느냐를 따라서 판단하고 있었습니다. 그러나 주님은 윤정이를 정확히 보고 계셨습니다. 윤정이의 존귀한 영혼을 향한 주님의 사랑, 윤정이가 주님을 위해 살기를 간절히 바라시는 주님의 열망, 이 주님의 마음이 그녀로 하여금 그녀의 삶에 대해 만족하지 못하게 하고, 있는 그대로 두지 못하도록 하셨습니다. 그리고 주님은 윤정이를 향한 주님의 목적을 성취해갈 수 있도록 인도하셨습니다. 그러나 그 때에도 윤정이는 자신의 가치에 대한 자기 생각에 강하게 묶여 있었음을 보게 되었습니다. 자신을 향한 하나님의 목적과 뜻을 발견하기엔 윤정이의 내면이 여전히 준비되어 있지 못했습니다. 조롱당하고 실패하는 길로 담대히 들어갈 수 있을 만큼의 담대함이 윤정이 안에 없었고, 두려움에 여전히 사로잡혀 있었습니다. 아무것도 아닌 존재가 되는 것을 감당할 만한 마음의 준비가 되어 있지 않았습니다. 그녀 삶을 위해 주님께서 계획하신 사명을 감당할 준비가 되어 있지 않았습니다. 이 마지막 시대에 꼭 이루어질 것이라고 말씀하신 '비방'을 감당할 준비도 되어 있지 않았고, 하나님의 얼굴을 대면할 준비도 전혀 되어 있지 않았습니다. 그저 썩어질 육신 안에서 자신의 가치를 찾고 있었지만 결코 찾을 수도 없었습니다. 이런 것들을 윤정이가 떨쳐내고 앞으로 나가기 전에 먼저 윤정이는 직면하고 인정해야 하는 것이 있었습니다. 윤정이는 자기의 실패를 인정해야 했고, 하나님께서 자신을 창조하시며 바라셨던 것들을 온전히 이루며 살지 못했다는 것을 인정해야만 했습니다. 이는 오직 주님만이 윤정이 마음속에서 이루셔야 할 것이었는데, 감사하게도 주님은 그 뜻을 윤정이에게 이루어주셨습니다.

이 아름다운 여인의 고백을 보면, 회개와 죄 사함과 거듭남과 부활의 삶과 구원 완성과 영광의 상급, 즉 복음을 향한 삶의 몸부림이 어떠한지를 우리는 충분히 엿볼 수 있습니다. 회개가 일회에 그치는 것이 아니고 얼마나 다층적이고 심층적이고 지속적으로 이뤄져야 하는 것인지, 부활의 삶이 주는 은혜와 분투가 어떠한 것인지, 하늘

상급의 영광의 찬란함이 어떠한 것인지를 엿볼 수 있습니다.

(고전 9:23) 내가 복음을 위하여 모든 것을 행함은 복음에 참여하고자 함이라

너무나도 찬란하게 빛나는 영혼을 가진 여러분! 주께서 우리에게 주신 복음에 참여하시길 간절한 마음으로 권합니다. 회개, 십자가 죄 사함, 거듭남, 부활의 삶, 구원 완성과 영광의 상급. 이 하나하나는 복음이라는 종합선물세트를 구성하는 찬란한 보석들입니다. 성경이 직접 언급한 복음에 대한 여러 구절이 있는데 이 다섯 보석 종합선물세트로 생각하시면 쉽게 이해가 되실 겁니다. 이해뿐만 아니라 참여하고지 히는 마음이 불 일듯 일어나기를 간절히 기도드립니다. 그리고 십자가 죄 사함 한 가지 혹은 예수님 믿고 천국 가세요, 정도로 이해하는 복음에서 벗어나시길 바랍니다. 길고 복잡하게 설명한 것처럼 보이지만, 결국 주님을 전심으로 사랑하고, 이웃을 내 몸처럼 사랑하는 것에 대해 좀 더 자세히 나눠서 설명한 것뿐입니다. 많이 배운 자도 적게 배운 자도 누구나 쉽게, 사랑으로 시작해서 사랑으로 끝을 맺는 이 복음은 강력한 능력을 가지고 있습니다. 더 이상 복음을 어렵게도, 혹은 단순하게도, 혹은 일부만 취하지도 말고 주님의 마음 그대로 받아들일 수 있도록 여러분과 모든 사람을 축복하며 기도드립니다.

사랑하지 못하며 사는 삶에 대한 <u>회개</u>, 하나님의 한량없는 사랑으로 베푸신 <u>십자가 죄 사함의 은혜</u>와 구원의 감격, 이제 내 삶을 오직 주님만을 사랑하고 오직 이웃을 사랑하며 살고자 하는 마음으로 삶을 주님께 바치는 <u>거듭남</u>의 과정, 우리 속에 항상 거하시어 속삭이시고 격려하시며 능력과 은혜를 더하시어 세상 기준 좇아가지 않고 오직 사랑하며 살아갈 수 있도록 인도하시는 <u>부활의 삶</u>, 주님과 이웃을 향한 사랑의 작은 기도와 마음과 행위들 하나하나를 하나도 땅에 떨어뜨리지 않으시고 형언할 수 없는 하늘의 보물들로 채워가시며 준비하고 계신 <u>영광의 상급과 구원의 완성</u>, 복음과 관련된 이 다섯 가지는 성경의 모든 가르침인 '사랑하라'라는 핵 주위를 도는 전자들과 같은 요소들처럼 작동하고 있으며, 하나님의 근본 속성이시고 이름인 '사랑'과 그 뜻을 같이하고 있으며, 큰 희생을 감수하시면서 우리에게 주신 '자유의지'를 통해 하늘에서는 이미 임한 사랑의 나라를 이 땅에 건설하시고자 하시는 주님의 계획과 일치합니다. 모든 게 다 '사랑'이란 단어, 아니 단어 그 이상인 부인할 수 없는 모든 것의 근본이요, 진리에서 비롯된 것입니다.

이어지는 섹션은 주님의 가르침 중에 가장 크게 오해되거나 혹은 가장 소홀히 여겨지거나 혹은 가장 적용하기 난감한 주제인 자기를 부인하고 십자가를 진다는 것에 대해 나누겠습니다.

내 영의 고백

- 주여, 제가 온전한 회개와 거듭남이 있기를 원합니다. 세상에 대해서 그리고 나 자신을 위한 삶에서 돌이키기를 원합니다. 제가 연약하오니 저를 받아주시어 부활의 삶을 살아가게 하옵시고 사랑으로 충만한 존재로 저를 변화시켜 주옵소서.

사랑과 희생, 자기 부인과 십자가

자기 부인과 십자가는 예수님 그 자체이고 우리를 향한 가르침의 핵심입니다. 성경의 모든 가르침이 '사랑하라'이며, 그 사랑은 반드시 자기희생, 즉 자기 부인을 통해서 드러나야 함을 알려주십니다. 그리고 그 희생과 사랑을 주님께서 몸소 보여주셨고 우리도 반드시 그 길을 따라와야 한다고 말씀하십니다. 희생과 사랑, 즉 사랑하기 위해 반드시 희생의 과정을 거쳐야 한다는 이 진리는 진실로 주님의 가르침의 모든 것이라고 할 수 있습니다. 희생과 사랑, 이 단순한 두 단어로 시작된 주님의 가르침은 많은 시간을 거쳐 온 세계를 휘감았으며 이제 그 완성의 끝자락에 도달하고 있습니다.

(눅 9:23) 또 무리에게 이르시되 아무든지 나를 따라오려거든 자기를 부인하고 날마다 제 십자가를 지고 나를 따를 것이니라

오래전 이 말씀을 하신 주님은 '날마다'라는 단어도 함께 포함해

주셨습니다. 즉, 오늘도 우리 자신이 죽는 것에 대해 말씀하고 싶어 하십니다. 자기 행복이 지금 시대의 최고의 가치 기준이 되었고, 교회의 가르침도 크게 다르지 않은 이 시대에는 이 자기 부인의 가르침이 그다지 옳아 보이지 않아 보입니다. 그러나 주님께서는 한 알의 밀알이 땅에 떨어져 죽지 아니하면 한 알 그대로 있고 죽으면 많은 열매를 맺는다고 말씀하셨습니다. 그리고 자기의 생명을 사랑하는 자는 잃어버릴 것이고 이 세상에서 자기의 생명을 미워하는 자는 영생하도록 보전할 것이라고 말씀하셨습니다. 이 진리는 자기 행복을 추구하며 살고 있는 우리에게 여전한 진리이고 영원히 단 한 글자도 한 의미도 무의미하게 소멸해버리지 않을 진리입니다.

사람들은 많은 일을 하고 있습니다. 하지만 사람들은 그저 안전구역에 자기 자신들을 감싸는 일들을 하고 있을 뿐입니다. 사람들이 살고 싶은 곳에 살며 모든 것에서 자신이 좋아하는 것을 선택합니다. 그리고 이 때문에 수많은 사람들이 길을 잃고, 외로운 길을 걸어가고 있으며, 그 어떤 참된 목적도 없이 살아가고 있습니다. 오래전도, 어제도, 오늘도, 내일도 그저 그 상태로 계속 가고 있습니다. 결국 육신의 즐거움을 위해 살고 있는 것입니다.

원수는 사람들이 좋아하는 것과 싫어하는 것으로 영혼을 둘러싸기 위해 사람의 육신을 이용합니다. 어디서 살지, 무슨 일을 할지, 무엇을 먹을지, 어떤 옷을 입을지, 어떻게 입을지, 어떻게 안전하게 지낼지 같은 것들, 수없이 이런저런 것들이 우리의 삶과 마음과 시간과 영혼을 다 끌어갑니다. 여기에 염려와 스트레스, 그리고 두려움이 항상 따라다닙니다. 그러나 주님은 말씀하십니다.

(요 8:32) 진리를 알지니 진리가 너희를 자유롭게 하리라

주님은 우리가 진리 안에서 자유하기를 원하십니다. 하늘에 나는 새처럼, 아무런 걱정하지 않으며 사는 참새처럼 자유하시길 원하십니다. 세상 사람들처럼 먹고 입고 하는 것에는 신경 쓰지 말라는 뜻입니다. 참새도 다 주님께서 먹이시니 참새보다 귀한 우리를 당연히 먹이실 것이고 오직 주님과 주님의 나라를 위해서만 살라고 합니다. 그러면 생각지도 못한 것들을 계속해서 더해주시겠다는 뜻입니다.

(눅 12:29~31) 너희는 무엇을 먹을까 무엇을 마실까 하여 구하지 말며 근심하지도 말라 이 모든 것은 세상 백성들이 구하는 것이라 너희 아버지께서는 이런 것이 너희에게 있어야 할 것을 아시느니라 다만 너희는 그의 나라를 구하라 그리하면 이런 것들을 너희에게 더하시리라

육신으로부터 자유로워지기 위하여, 영을 따라 살기 위하여, 주님 뜻을 따라 살기 위해서 우리는 참새처럼 자유롭게 살아야 한다고 지금도 말씀하십니다. 우리 주변을 둘러봅시다. 육신의 편안한 것을 따라 사는 사람들을 볼 때 그들이 좌절과 불행 가운데 있는 것이 보이지 않는지요? 내면에 무언가가 죽어 있는 것입니다. 생명의 불꽃은 죽었고, 육신의 좋아하는 것과 싫어하는 것들에 의해 겹겹이 싸여서 파묻혀 있는 것입니다.

일시적인 만족만을 주는 세상 물건들의 이것저것들. 주님께서는
이런 것들을 우리에게 주시기보다, 사랑으로 우리 마음을 가득 채우
시길 원하십니다. 그 뒤에 모든 선한 것이 뒤따라오기 때문입니다.
즉, 세상과 세상을 향한 우리의 욕구를 우리 안에서 희생시키고 사
랑에 집중하기를 원하십니다. 하나님 형상의 본질인 사랑. 그 사랑
의 원형을 우리 안에서 회복하시기 위해 주님은 쉼 없이 일하고 계
십니다.

사랑은 모든 법과 율법과 가르침의 중심입니다. 자기를 부인하고
십자가를 져야 하는 이유도 주님과 이웃을 사랑해야 하기 때문입니
다. 사랑이 없이는 주님 안의 그 어떤 거처도 얻을 수 있는 방법이
없습니다. 우리의 혈관에는 이미 주님의 피가 흐르고 있으며, 우리
는 주님께 값으로 따질 수 없는 존재입니다. 사랑은 천국에서 기본
통화 단위와 같습니다. 사랑은 가장 존귀한 가치를 지닌 속성입니다.
사랑 안에서 행하는 모든 이들이 아버지의 품으로부터 나오는 값어
치를 알 수 없는 보석들인 것입니다. 세상은 점점 어두워져 왔지만
그 속에서 반짝반짝 빛나는 보석과 같은 영혼들은 온갖 시험을 뚫고
항상 존재해왔으며 지금 이 시대, 즉 마지막을 향해 가는 이때에 더
욱 찬란하게 빛나며, 하나님 형상의 원형 그대로의 순결함으로 점차
회복되어 가고 있습니다.

사랑을 위해 인생을 주님께 바치고 결심하며 하루하루를 살아온
주님의 자녀 여러분. 이미 겸손과 인내와 고난을 통해 사랑에 대한
많은 연단을 받은 여러분들은 스스로를 볼 때 어둠의 세력과 영토들

을 장악해 들어가면서 이기는 자라는 사실과 자신이 하나님 형상의 원형 그대로의 순결함이 굉장히 많이 복구된 사실을 거의 전혀 느끼지 못하고 있을 겁니다. 하지만 주님은 이미 많이 이루었다고 격려하시며, 우리가 주님을 믿어주기를 바라고 계십니다. 많은 눈물과 고난을 통해 오직 주님만을 사랑하며 붙잡고 계신 여러분을 진심으로 이기는 자라고 격려하십니다. 우리 자신을 들여다볼 때 우리가 너무도 작은 자임을 우리가 볼 것입니다. 그것이 한편으로는 매우 정확하고 또 안전한 모습입니다. 하지만 또 한편으로는 이것은 너무도 심하게 평가절하 되어 있는 것이기도 합니다.

이런 것들에 대해 너무 자세하게 들여다보고 조사하는 것은 피하는 게 가장 좋습니다. 우리가 이 땅에 있는 이때는 여전히 우리가 자만심 혹은 교만과 질투와 다른 사람보다 낫다고 생각하는 악에 쉽게 빠지기 때문입니다. 우리의 작음은 진실로 우리의 안전한 처소입니다. 마음속으로부터 진심으로 그 작음을 느낄 때 우리는 순결한 기쁨을 느낄 것입니다. 바로 그때 이 싸움은 거의 승리한 것입니다.

우리가 다른 사람들에게 어떤 모습으로 보이든지 상관없이, 주님 안에서 반짝반짝 빛나는 아름다움을 가진 우리 모습을 보호하도록 주님께서 인도하고 계시며, 그 상태를 유지하고 있는 것이 좋습니다. 작고 낮아지고 비워진 존귀하신 주님의 신부 여러분, 이 말을 붙들고 평안하실 수 있으신지요? 우리가 이 전쟁터에서 받은 상처들이 누구도 보지 못한 다이아몬드의 빛깔처럼 아름답게 빛나게 되는 그 날, 우리의 모든 원형의 아름다움이 회복되어 아버지 앞으로 나아가게 되는 이 비전을 신뢰하고 평안해합시다. 마음속 깊이 간직합시다. 계속해서 우리 자신을 매일매일 준비시킵시다. 우리는 주님과 조인트벤처를 함께 경영하는 파트너입니다. 희생과 사랑이라는 경영 목표를 가지고 함께 운영해나가고 있습니다. 그리고 주님께서 우리를 완벽하게 만들고 계십니다. 그 결과는 이 세상의 그 어떤 크고 멋진 회사보다 아름다운 열매로 하늘에서 거두어질 것이라고 확신합니다. 우리의 숨겨져 있던 원초적인 아름다움을 드러내며 깎아내는 장인의 손에 지금처럼 그저 단순하게 반응하면 됩니다. 그 안에서 안식합시다. 어느 한순간 기회가 오면 사랑하는 것, 그 이상에 뭔가 대단한 걸 하려고 하지 맙시다. 만약 사랑하지 못하고 실패했다면 회개하고 주님을 따릅시다. 주님께서는 우리를 어떻게 다시 힘을 주시고 인도해야 할지를 잘 알고 계십니다. 어느 한순간도 두려워하거나 걱정하지 맙시다. 이는 주님의 일이며, 주님께서 이 일을 아주 잘하십니다. 우리 안에 거하시는 주님의 임재의 충만함이 우리를 희생과 사랑의 완전한 승리의 결승점으로 달려가도록 모든 충만함으로 함께하고 있습니다. 주님은 그 결과를 꼭 보게 될 것이라는 확신에 찬 신념으로 지금도 우리 안에서 일하고 계십니다.

십자가는 우리가 살면서 겪는 온갖 종류의 불편함과 고난과 희생을 다 포함합니다. 사랑하고자 하는 마음가짐에서 비롯된 상황들 속에서 만나는 불편이나 양보나 희생이나 고난이 십자가 이지만, 그냥 별생각 없이 살아가다가 만나는 불편이나 양보나 희생이나 고난도 십자가입니다. 주님은 이 모든 것을 영적으로 다 활용하시고 일부는 의도적으로 짊어지게 만드십니다.

'억지로'라는 표현이 있다는 걸 주의 깊게 보시기 바랍니다. 다른 번역본에는 '부지중에' '얼떨결에'로 표현했습니다. 구레네 시몬은 얼떨결에 억지로 예수님의 십자가를 함께 지게 되었습니다. 그리고 이 사건은 그에게도 영광의 사건이 되었습니다. 아마 하늘에서 우리가 시몬을 만나면 그날의 사건을 설명하며 그 사건이 자신과 자신의 가족을 구원의 길로 인도했고 이루 말할 수 없는 영광을 안겨다 주었다고 고백할 것임에 틀림없습니다. 그러나 정작 십자가를 지게 된 그 당시 시몬은 그 의미를 전혀 알지 못하고 황당하고 불쾌하기까지 했을 것입니다. 이와 같이 지금도 주님은 우리에게 황당하고 불쾌하기까지 한 십자가를 억지로 지게도 하십니다. 영적으로 성숙한 사람은 자원해서 기꺼이 지는 사람도 있을 텐데, 그 영광의 상급은 더욱 클 것입니다. 이처럼 모든 사람은 십자가를 지도록 주님께서 인생을 설계하셨고 그렇게 인도하십니다.

우리가 지고 가는 십자가에는 여러 겹의 십자가가 겹쳐 있습니다. 어떤 때는 단지 자신만을 위한 십자가를 지고 가도록 주님은 허락하십니다. 이는 좀 가벼운 십자가입니다. 하지만 어떤 때는, 특히 지금과 같이 어둠의 끝을 향해 달려가는 때는, 주님의 신부들은 여러 개의 십자가를 겹쳐서 짊어지고 가게 됩니다. 우리 모두는 서로 형제자매이며 같은 성령의 물결을 타고 움직이고 있기 때문입니다.

한 영혼이 너무도 큰 고통 가운데 있어서 더 이상 침대에서 일어나지 못하는 것을 주님이 보실 때, 주님은 그 고통의 일부를 취해서 그 주변의 사람들에게 나눠주고 그 고통의 짐을 함께 짊어지도록 합니다. 우리에게도 그 짐이 추가로 더 부가되는 것입니다. 그렇게 함으로써 고통을 당하고 있던 영혼은 그 짐을 덜게 되고, 삶에 대한 더 이상의 소망이나 열정이 다 사라지게 되는 상황을 피하게 됩니다. 진실로 그렇습니다. 우리는 흔히 성경이 말하는 고난을 복음을 전할 수 없는 지역에서 복음을 전하다가 매를 맞거나 감옥에 갇히거나 고문을 당하거나 살해 위협을 당하거나 죽임을 당하는 것 수준으로 생각하는 경향이 있습니다. 이런 것들도 아주 높은 수준의 고난이지만 성경이 말하는 고난은 작은 불편까지도 포함하고, 양보와 같이 자기 의지가 꺾이는 사소한 상황도 포함하고, 병이 나는 것도 포함하고, 자발적으로 고난이 뻔히 예상되는 데도 주께서 주신 길을 묵묵히 걸어가는 것도 포함합니다. 모두가 다 자기 부인이고 희생이고 낮아짐이고 비워짐이고 십자가를 지는 모습입니다.

금식을 예로 들어봅시다. 우리는 흔히 금식이라 하면 뭔가 작정을 하고 주님께 간구해야 할 일이 있을 때 금식을 합니다. 성경에도 이와 같은 금식기도의 사례들이 많이 소개되어 있습니다. 그러나 성경에는 금식에 관한 좀 오묘한 구절이 있습니다.

> *(사 58:6) 내가 기뻐하는 금식은 흉악의 결박을 풀어 주며 멍에의 줄을 끌러 주며 압제당하는 자를 자유하게 하며 모든 멍에를 꺾는 것이 아니겠느냐*

금식 그 자체가 흉악의 결박을 풀어주고 멍에의 줄을 끌러주며 압제당하는 자를 자유하게 한다는 진리를 선포하고 있습니다. 그리고 이 금식을 주님은 기뻐하신다고 합니다. 금식은 불편함과 자발적인 희생의 꽤 높은 수준의 헌신입니다. 기도를 하지 않아도 금식 그 자체로도 자기를 희생하는 제사를 드리는 것이고 주님은 그 금식을 통해 놀랍고 비밀한 사랑의 일들을 이루신다는 뜻입니다. 사도 바울도 항상 고난을 받았고, 모든 서신에서 모든 크리스천이 고난을 받아야 한다고 계속해서 강조합니다. 그 고난에 대해서 이렇게 설명합니다.

> *(골 1:24) 나는 이제 너희를 위하여 받는 괴로움을 기뻐하고 <u>그리스도의 남은 고난을</u> 그의 몸 된 교회를 위하여 내 육체에 채우노라*

> *(갈 6:2) 너희가 <u>짐을 서로 지라</u> 그리하여 그리스도의 법을 성취하라*

바울은 자기가 받고 있는 고난을 그리스도의 남은 고난이라고 말합니다. 이는 주님께서 바울에게 깨닫게 하신 하늘의 비밀이었습니다. 그렇기 때문에 그 고난이 도리어 하늘의 영광이 된다는 사실을 주님으로부터 알게 되고는 그 괴로움을 도리어 기뻐할 수 있게 된 것입니다. 이 모든 과정은 형제를 사랑하고, 오직 주님만을 섬기며 사는 삶을 살아갈 때 만나게 되는 모든 불편과 희생이고, 이는 곧 예수님께서 이 땅에서 겪은 희생과 고난의 연속선상에서 이뤄지고 있는 것이기에 그의 몸 된 교회를 위하여 그리스도의 남은 고난을 내 육체에 채운다고 선포하게 된 것입니다. 이렇게 서로를 사랑하기 위

해 짊어지게 되는 고난은 구레네 시몬이 짊어졌던 십자가와 똑같은
의미를 지니는 것이고, 그리스도의 법 곧 사랑을 성취하는 것이 됩
니다. 비슷한 맥락에서 다음 구절도 이해할 수 있습니다.

> *(딤전 3:14~16) 내가 속히 네게 가기를 바라나 이것을 네*
> *게 쓰는 것은 만일 내가 지체하면 너로 하여금 하나님의 집*
> *에서 어떻게 행하여야 할지를 알게 하려 함이니 이 집은 살*
> *아계신 하나님의 교회요 진리의 기둥과 터니라 크도다 경*
> *건의 비밀이여, 그렇지 않다 하는 이 없도다 그는 육신으로*
> *나타난 바 되시고 영으로 의롭다 하심을 받으시고 천사들*
> *에게 보이시고 만국에서 전파되시고 세상에서 믿은 바 되*
> *시고 영광 가운데서 올려지셨느니라*

디모데가 있는 곳으로 바울은 가려고 하지만 만약 지체되는 상황
이 발생하게 되면 그것이 진리의 기둥과 터와 관련이 되어 있다고
말하고 있습니다. 자기의 의지가 꺾이는 상황, 즉 지체되는 상황이
발생하면 그것도 주님께서 허락하신 일이고 주께서 그 불편과 희생
과 자기 부인을 통해서 뭔가 하늘의 일을 이루신다는 것을 알았던
것입니다. 그리고 그것이 하나님의 집 안에서 다른 누군가를 세우고
살리는 일을 주님께서 하신다는 것을 알고 인내하고 감사하고 중보
하며 행하라고 디모데에게 권하는 것입니다. 그것이 진리의 기둥과
터라는 것입니다. 즉, 진리는 성경의 모든 가르침인 사랑과 희생인
데, 디모데에게 나가지 못하는 상황도 주님께서 행하시는 사랑과 희
생의 어떤 일임을 깨닫고 함께 견디고 함께 사랑을 행하자 라는 뜻
입니다. 그리고 그 속에 숨겨 있는 경건의 비밀이 얼마나 큰지를 감
격하며 선포합니다. 경건의 능력과 경건의 비밀도 역시 희생과 사랑

에서 기인한 비밀이고 능력임을 설명하고 있습니다. 그리고 예수님을 칭송하는 구절로 이어집니다. 예수님도 이와 같이 온갖 불편과 희생을 당하시고 끝까지 사랑을 다 완수하시고 영으로 의롭다 하심을 받으시고 영광 가운데서 올려졌으니 우리도 예수님처럼 희생과 사랑의 길을 걸어가자는 뜻을 선포하며 주님께 영광을 돌리는 구절입니다.

우리는 이와 같이 나를 위해서가 아닌 다른 사람을 위해서 눈물의 장막을 통과하는 때가 있습니다. 하지만 이러한 고통이 영원히 지속되는 것은 아닙니다. 우리가 주님을 가지게 될 때 이런 고통은 사라집니다. 우리가 감당할 만한 십자가를 짊어지고 따라오기에 충분한 방법, 그 방법들을 주님은 항상 찾아내십니다. 주님은 각 사람의 믿음의 분량과 견딜 수 있는 수준을 고려해서 그에 맞는 십자가를 허락하십니다. 사도 바울도 처음부터 고난을 강하게 받은 것은 아닙니다. 갈수록 그 고난은 더 깊어지고 그 고난 속에서 기쁨도 더욱 커져 갔습니다. 바울 주변에 사람들도 많이 있고, 재정적으로도 여유도 있고, 따뜻한 곳에서 잠을 자게 되는 경우도 있었습니다. 하지만 점차 사람들도 떠나가고 재정이 하나도 없는 상황도 만나게 되고, 죽기 전에는 정말로 춥고 외로웠습니다. 바울의 마음의 준비 상태를 보시면서, 주님께서 그렇게 허락하신 것입니다. 이는 바울이 그 모든 것을 견딜 수 있고 그 속에서도 진정으로 기뻐할 수 있는 만큼 낮아졌고 비워졌기 때문입니다.

(딤후 4:13) 네가 올 때에 내가 드로아 가보의 집에 둔 겉

디모데후서는 바울의 마지막 서신입니다. 처형당하기 직전에 쓴 편지였습니다. 함께하던 사람은 모두 떠나고 한 사람만 곁에 있었습니다. 너무도 추운 지하 감옥에서 헝겊 하나짜리 옷만으로 견디고 있었습니다. 너무나 추웠음에 틀림없습니다. 디모데에게 드로아 가보의 집에 있는 자기 겉옷을 좀 가져다 달라고 부탁합니다. 몸을 조금이라도 따뜻하게 해보고 싶은 마음이었죠. 그러고는 겨울이 되기 전에 꼭 오라고 합니다. 사랑하는 아들 디모데를 죽기 전에 꼭 보고 싶었던 것이고 겨울이 되면 항구가 얼어서 출항을 하지 못하게 되고 그러면 육로를 통해 너무 멀리 돌아와야 하기 때문이었습니다. 결국 디모데는 이런저런 사정으로 인해 겨울이 시작된 뒤 몇 달 후에 도착했지만, 바울은 이미 처형된 뒤였습니다. 그토록 보고 싶었던 디모데를 보지 못하고 하늘로 갔습니다. 몸을 따뜻하게 하고 싶었던 바울의 작은 바람도 이루지 못하고 내내 춥고 견디기 힘든 외로움 속에서 주님 곁으로 갔습니다. 굉장히 높은 차원의 희생과 고난의 길을 바울은 견디고 그 모든 고난과 희생을 하늘의 영광으로 올려 드렸습니다. 그만큼 바울은 기쁘게 그 모든 고난을 받을 만큼, 영적인 그릇이 준비되어지고 비워져 있었던 것입니다. 그래서 주님은 그 큰 고난도 허락하신 것입니다. 바울도 자신의 마지막 순간이 다가올 때 지난날들을 돌아보며 어떠한 자기 부인과 희생과 비어짐을 경험했는지를 회상하며 이와 같이 말합니다.

> *(딤후 4:6) 전제와 같이 내가 벌써 부어지고 나의 떠날 시각이 가까웠도다*

예수님이 그러했던 것처럼 바울도 자신의 모든 것을 다 쏟아 부었다고 고백을 합니다. 세상을 향했던 욕구도, 자기의 의지와 계획도 다 비워가는 삶을 살았고 주님만을 사랑하고, 이웃을 사랑하며, 어둠의 세력에 결박되어 있는 수많은 영혼들을 주님께로 돌아오게 하는 아름다운 사랑의 삶을 살았노라고 고백하는 모습입니다. 고난 앞에 서 있는 주님의 존귀한 자녀 여러분, 우리의 모습을 주님은 바울과 같은 길로 인도히시고자 하십니다. 바울처럼 수준 높은 고난이 허락될지 여부도 우리의 선택에 달려 있습니다. 때로는 꽤 황당하고 충격적인 상황을 맞이하겠지만, 많은 경우 그런 상황은 너무도 잘못된 상황으로 가고 있기 때문에 충격적인 상황이 아니면 시선을 주님께로 돌리지 않는 우리의 완고함 때문입니다. 그런 경우가 아니라면 주님은 진실로 가장 부드러운 방법으로 매 순간과 매 상황과 사건들마다 감사와 찬송이 끊임없이 나오도록 은혜와 선물들을 많이 풀어놓으실 것입니다. 그러나 우리가 주님의 확고한 방향에 대해서는 왜곡하지 맙시다.

세상에는 누구도 기도해주지 않는 영혼들이 존재합니다. 주님은 그 영혼을 위해서 고통의 한 부분을 취해서 그의 친구들과 친척들에게 나누어줍니다. 주변 사람들에게는 그것이 불편한 것이 되고 전혀 즐겁지 않은 것이 됩니다. 우리에게 세상은 이런 것입니다. 병든 친구를 위해 침상 그대로 예수님께로 들고 온 친구의 모습은 이와 같은 영적 비밀을 잘 표현해주는 이야기입니다. 바로 이것이 주님이 말씀하신 '내가 너희를 사랑한 것같이 너희도 서로 사랑하라'를 강조하신 이유입니다. 형제를 사랑하는 모습이란, 다른 사람의 짐에 대해 Yes라고 말하며 짊어지는 것입니다. 이는 우리의 영광이 되는 것이고, 이 같은 사랑이 모든 이해를 뛰어넘는 것이며, 크리스천으로서 행함에 있어서 최고 절정의 아름다움입니다. 다시 말해, 주님께서 우리를 위하여 고난을 받은 것처럼, 우리도 기꺼이 다른 사람을 위해 고난을 받는 것입니다. 우리가 주님의 법을 어김으로써 행한 모든 죄악을 주님께서 용서하기 위해 고난을 받은 것처럼, 우리도 기꺼이 다른 사람의 연약함과 부족함을 감당하면서 고난을 받는 것입니다. 주님께서 우리를 사랑하시는 그 사랑이 우리가 형제를 사랑하는 그 사랑으로 이어지는 이 비전이 얼마나 아름다운 것인지 이루 말할 수 없습니다. 이는 하늘에 있는 천사들에게도 놀랍고 기이한 일이며, 보통 사람들에게도 아주 기이한 일입니다. 자기를 희생하며 다른 사람을 사랑하는 이 모습을 사람들이 보고 그 사랑이 어떤 결과를 낳는지를 볼 때, 사람들은 정말로 기이하게 여기게 됩니다.

이런 짐들에는 매우 많은 종류가 있습니다. 주님은 우리가 이것들을 알아차리길 바라십니다. 살다 보면 시간이나 에너지나 자원들이 거대하게 재조정되고 시간의 지연이 발생하곤 합니다. 자녀가 아프거나, 가족이나 친척이 아플 때나, 사랑스러운 동물이 아플 때 그렇습니다. 몸에 병이 나면 여러 종류의 다양한 차원의 일들이 동작하게 됩니다. 아픈 삶을 돌보기 위한 불편함, 예상치 못한 추가적인 시간과 자원들이 십자가와 같은 큰 짐으로 다가옵니다. 이때 그 어떤 십자가보다도 가장 고통스러운 십자가는 사랑하는 사람의 아픔을 보며 겪는 감정적인 십자가입니다. 고통과 고생의 비극적인 이 감정이야말로 우리가 지게 되는 가장 무거운 십자가입니다.

주님은 쉽게 이런 십자가를 허락하지 않습니다. 성숙함과 아가페 사랑을 위한 연단의 여정에서 이런 짐은 다른 모든 짐 위에 놓으십니다. 이 짐은 한편으로는 기회가 됩니다. 주님께서 그 영혼을 창조하실 때 바라던 모습으로 성장해갈 때, 그 영혼에게 꼭 필요한 순간에 이 짐이 기회로 사용됩니다. 세상은 온갖 종류의 거짓말을 우리에게 말합니다. 특히 고통 없는 행복한 삶을 말하는데, 이건 거짓말입니다. 그런 것은 존재하지 않습니다. 모든 사람은 각자 십자가를 지고 가고 있습니다. 우리가 그것을 보든지 보지 못하든지 진실이 그렇습니다. 사람이 주님과 함께하지 않고, 주님과 주님의 뜻을 알지 못하면, 그 사람은 고난의 목적을 결코 이해하지 못합니다. 교회 다니는 많은 사람도 그렇습니다. 그저 그 고난은 뭔가에 대한 인과관계 혹은 형벌로만 여기고 맙니다.

단순한 진리가 여기에 있습니다. 고난은 한 영혼에게 진실로 중요한 것에 초점을 맞추도록 가르칩니다. 고통을 겪고 있는 영혼은 행복과 건강이 얼마나 중요한지를 깨닫게 되고, 그 외 인생에서 철없이 까부는 모든 것은 희미하게 사라집니다. 믿음이 왔다 갔다 하던 사람도 주님을 더욱 붙들게 됩니다. 고난의 깊이를 꽤 이해한 사람도 더욱 주님을 신뢰하며 더 기꺼이 고난을 받아들이는 길로 나아가 고난 속에서도 기이한 기쁨을 누리며 고난을 돌파해가고 주님을 더욱 사랑하게 됩니다. 만약 우리가 육신의 병으로 인한 고통 속에 있다 할지라도, 우리가 주님께 바칠 수 있는 가장 위대한 선물이 그 고통 속에 숨겨 있습니다. 우리가 아프고 고통 속에 있을 때, 생명은 우리로부터 많이 빠져나갑니다. 이때 주님은 그 생명을 붙잡아 다른 영혼들을 축복하는 일에 사용합니다. 우리가 주님께 아무것도 남기지 않고 우리의 삶을 다 바치기로 결심했다면, 우리는 이런 종류의 고난을 경험하게 될 것입니다.

주님께 헌신된 사람이 오랫동안 병에 걸려 있거나, 고난을 오래 받다 보면 사람들은 그 사람에게 뭔가 죄가 있거나, 영적 능력이 없다고까지 생각하곤 합니다. 그 사람이 성령의 사람이라는 걸 인정하면서도 그런 의심과 오해를 하곤 합니다. 사도 바울은 다른 사람의 병은 낫도록 했지만 정작 자신의 병은 고치지 못했습니다. 그 병을 한평생 달고 살았고 사람들이 보기만 해도 그 병을 알아차리고는 속으로는 이런저런 의심이나 비방도 했을 것입니다. 우리나라 온누리 교회의 하용조 목사님의 경우가 비슷합니다, 놀라운 사역들을 통해 하늘의 능력과 비밀을 이 땅에 실현케 하는 일들을 하셨지만 죽을 때까지 온갖 중병으로 고생을 많이 하셨습니다. 주님께서 바울과 하 목사님의 병을 고쳐주시지 않으신 이유는 그 고난을 통해 다른 영혼들을 위해 이루실 일들이 분명히 있으셨기 때문이고, 마지막 순간까지 그 고난을 통해 빚으실 두 분 영혼의 어떤 영광의 형상이 있으셨기 때문이고, 항상 주님께만 모든 초점을 맞추게 하시려는 이유에서 그리하신 것입니다. 사람들이 수군대거나 떠나는 그 어떤 이유가 있어서가 결코 아닌 것이죠. 그래서 바울에 대해 수군대는 여러 말에 대해 바울은 이같이 말했습니다.

(갈 6:17) 이 후로는 누구든지 나를 괴롭게 하지 말라 내가 내 몸에 예수의 흔적을 지니고 있노라.

영혼을 살리고 사랑하는 일을 위해 항상 고난의 길을 내가 가고 있으니 그것이 예수님이 걸어간 길이요, 예수님께서 내 안에서 그 길로 가도록 역사하고 계신다는 것을 표현하고자 '예수의 흔적'을 가지고 있다고 말했습니다. 그러니 우리는 어떤 사람의 어떤 고난도 쉽게 얘기하거나 함부로 생각하거나 결코 비방해서는 안 됩니다. 그 고난을 통해 주님께서 일하시는 놀라운 일들이 있으니 신중하고 조심스러운 마음으로, 사랑을 담아 중보 하는 것이 마땅합니다. 특히 주님의 사역자들을 대할 때 더욱 그러해야 합니다.

주님께서 충만한 삶을 우리에게 말씀하셨습니다. 그것은 이 세상의 것들로 충만해지는 것을 말한 게 아닙니다. 주님의 임재의 충만함과 주님 안에 거하는 삶의 기쁨의 충만함을 말한 것입니다. 자기를 부인하고 십자가를 지고 나를 따르라고 주님께서 우리에게 말했을 때, 주님은 우리 자신에게 맞는 독특한 십자가를 주신 것이고 그 십자가를 짊어질 선택 권한을 우리에게 주신 것입니다. 이 십자가는 우리를 향한 비방과 중상모략일 수도 있고, 우리가 행한 선한 일에 대해 누군가가 감사해하지 않는 것일 수도 있습니다. 이 십자가는 우리 차가 고장 나서 겪게 되는 불편함이 될 수도 있고, 은행에 대출을 받으려고 했는데 거절되는 경우일 수도 있습니다. 다른 사람의 거짓된 말로 인해 곤란한 상황에 처하는 일일 수도 있고, 나를 정말로 싫어하는 어떤 사람이 나의 이름을 더럽히려고 시도하는 일일 수도 있습니다. 이 십자가는 휴가나 가족 여행을 떠나려고 하는데 다른 사람을 위해 혹은 그 사람으로 인해 연기해야 되는 상황일 수도 있습니다.

이처럼 다른 사람의 뜻과 의지에 의해 우리의 뜻과 의지가 좌절되는 그 어떤 것도 다 이 십자가 고난에 사용되는 것이고, 우리를 더 성숙게 하시고 더 형제 사랑의 모습으로 빚어 가시는 것입니다. 이런 과정에서 겪는 우리의 불편함을 주님은 다른 영혼을 향한 사랑의 제사로 받습니다. 이 과정에서의 살아 움직이는 영적 에너지의 운동력과 활력에 대해 우리가 이해할 필요가 있습니다. 우리가 뭔가 생산적인 것을 기대하는 어떤 날을 지나다가 갑자기 우리가 소진되고 일들이 삐걱거리게 될 때, 그때 누군가가 다가와서 이렇게 말하는 경우가 있습니다. '오늘 나는 너무나 기분이 좋아요. 마침내 간절히 바라던 일들이 이루어졌거든요.' 이때 우리는 희생과 사랑의 그리스도의 법이 서로에게 교차하며 이뤄진 것을 목격하게 되는 것입니다. 우리의 손실을 주님께서 취하셔서 다른 사람에게 축복을 붓는 것입니다. 우리가 희생을 감당함으로써 다른 사람이 축복을 받게 되는 것입니다. 이런 일은 남편과 아내에게서 가장 많이 목격될 것입니다.

(엡 5:25) 남편들아 아내 사랑하기를 그리스도께서 교회를
사랑하시고 그 교회를 위하여 자신을 주심같이 하라

　　그리스도의 희생을 통해 교회가 사랑을 받고, 교회의 희생을 통해 그리스도가 사랑을 받는 관계가 남편과 아내에게 동일하게 일어납니다. 남편이 어떤 날 무척이나 고생을 경험했는데, 그날 저녁에 아내는 오늘 어떤 일들이 있었는지 기쁨에 넘쳐서 말하게 되는 날이 있습니다. 그리스도의 법이 성취되는 장면입니다. 그리스도의 남은 고난을 그 몸 된 교회를 위하여 내 육체에 채우는 날이 된 것이므로 그 괴로움을 기뻐해야 하는 상황입니다.

　　한 사람이 갑자기 몸살로 인해 고생을 하는 상황이 있습니다. 어떤 사람의 경우는 곧 마무리되기로 했던 프로젝트가 갑자기 변경되는 것일 수도 있습니다. 또 어떤 이들에게는 집을 깨끗하게 할 필요가 있는데 시간이 나지 않아서 더럽혀진 채로 지내야 하는 경우일 수도 있습니다. 어떤 경우에는 우리의 공간을 다른 사람이 무질서하게 만들고 엉망진창으로 만들어버린 것을 견뎌야 하는 것일 수도 있습니다. 이런 일이 벌어질 때 주님은 세상의 다른 한편에서 이런 일을 행하십니다. 살이 뼈에 닿을 만큼 말라 있는 한 가련한 어린이가 몇 주 동안 굶어 있다가 처음으로 식사를 하는 상황이 만들어집니다. 혹은 한 가족이 IS로부터 도망가는 상황이 만들어집니다. 우리가 겪게 되는 불편함과 희생과 지연은 그 가족이 살해당하는 것을 피할 수 있도록 하는 은혜가 될 수 있는 것입니다. 우리에게 이런 일들이 작은 일처럼 보일지 모르나 다른 사람에게는 생명을 살리는 일일 수 있는 것입니다. 주님께서 이 사실을 우리에게 알려주시는 이유는 우리가 기쁘게 주는 자가 되고 우리 삶에서 겪는 모든 불편함이나 희생들이 특별한 목적을 가지고 있음을 믿고 신뢰하라는 뜻에서입니다. 우리에게 주어진 모든 십자가는 영혼들을 구원하는 데 매우 중요한 의미를 갖고 있습니다. 천국에서 모든 일이 밝히 드러나는 그날을 우리가 맞기 전에는 결코 이 사실들에 대해 온전히 이해하지 못할 것입니다. 하지만 주님은 이런 우리의 불편함과 고난을 허락함으로써 주님께서 매우 선한 일을 이루고자 한다는 것에 대해서 우리가 신뢰할 수 있을 것입니다.

이와 같이 불편함의 영적 비밀을 진심으로 깨달았다면 놀라운 영적 성장의 첫걸음을 뗄 수 있습니다. 결혼에서 수없이 빚어지던 갈등과 괴로움을 극복할 수 있는 비결을 터득할 수 있습니다. 부부간의 갈등의 많은 부분들이 취향과 욕구와 의견 충돌 때문입니다. 깔끔한 취향과 어지럽혀 놓는 것을 아무렇지 않게 생각하는 취향의 충돌, 언행방식에 대한 취향 충돌, 꼼꼼하고 계획적인 일처리 취향과 즉각적이고 듬성듬성한 일처리 취향의 충돌 등등 헤아릴 수 없이 많은 취향들의 충돌을 경험합니다. 짜증도 나고 화도 나고 잔소리도 해보지만 결코 바뀌지 않고 갈등만 커질 뿐입니다. 이 부분들이 바로 부부에게 허락된 주님의 십자가입니다. 참고 인내하고 내 취향을 희생시킬수록 평강이 찾아오고 사랑은 많아지고 부부 각자의 영혼이 더 주님을 닮아가게 됩니다. 더 나아가 이 모든 불편과 희생과 인내를 통해 주님은 영혼들을 위한 아름다운 일들을 행하십니다. 이때 인내하지 못하고 자기 성질대로 밀어붙이고 그 뜻을 이루어버리고 나면 주님의 선한 일을 방해하고 자기 배를 채우는 것이 되고 맙니다. 바로 이 이유 때문에 주님은 그토록 취향이 다른 사람 둘을 한집에서 살도록 허락하신 것입니다. 만약 끝까지 자기가 옳다고 생각하고 자기를 주장하다 보면 불행은 더 커지게 될 뿐입니다. 취향뿐 아니라 욕구의 충돌과 의견의 충돌도 똑같은 원리가 적용됩니다. 내 취향과 내 욕구와 내 의견과 다른 상황을 만났을 때 기뻐합시다. 그 순간을 통해서 주님은 다른 영혼의 구원을 위해 놀라운 영적인 일을 행하십니다. 그리고 그 순간을 통해 희생과 자기 부인이라는 레드카펫을 걷게 하시어 우리 영혼의 아름다운 형상을 회복하십니다. 그 순간을 통해 하늘로 사랑의 제사와 제물의 향기가 올라가고 천국의 우리 거처와 다른 영혼들의 거처가 지어집니다.

주님을 위해 자기 부인을 갈망하고 계신 주의 자녀 여러분. 모든 것에는 목적이 있습니다. 모든 개개위의 삶 속에서 벌어지는 모든 작은 일들에는 특별한 목적과 영적인 운동력이 존재합니다. 우리가 어떤 불편함이나 희생을 당할 때 우리가 그것을 침착함과 인내심을 가지고 견디고 있다면, 우리는 하나님 나라의 사역을 하고 있는 것입니다. 이 사실을 말하기 위해 지금까지 길게 설명한 것입니다. 주의를 기울이고 집중력 높은 상태로 영적인 자각을 유지하면서 하게 되는 사역을 우리가 하고 있는 것입니다. 우리가 겪는 불편함은 그저 단순한 불편함이 아닙니다. 다른 사람의 고통을 줄여주는 꼭 필요한 사역을 하고 있는 것입니다. 우리가 아프다면 그건 단순한 아픔이 아닙니다. 이는 자비를 베푸시는 주님의 사역을 하는 것이며, 이를 통해 다른 영혼이 위로를 받고, 삶의 소망을 다시 회복하게 되고, 구렁텅이에서 벗어나 일어서게 만들고, 주님 안에서 생명을 발견하고, 새롭게 되는 것을 의미하는 것입니다. 우리가 지고 있는 십자가에 대해 새롭고 신선한 하늘의 관점을 이해하길 간절히 기도드립니다. 우리가 주님께 우리의 모든 것을 기쁘게 바쳤기 때문에 이를 통해 다른 영혼들이 삶의 길을 찾는 것입니다. 이 사실을 알고 이에 대해 기뻐하시길 주님은 바라십니다. 이것이 바로 진실한 의미의 '자기를 부인하고, 십자가를 지고 나를 따르라'는 뜻입니다.

주님께서 여러분을 부르십니다. 자기 부인과 십자가를 지는 삶의 선물을 향해 나아오라고 부르십니다. 왜냐하면 우리는 주님께서 다시 오시기 전 아주 위험한 시대에 살고 있기 때문입니다. 이 시대는 악이 선이 되고, 선이 악으로 되어버린 시대입니다. 이 시대는 어둠이 너무도 기괴하게 거대해져서 온 땅을 뒤엎고 있으며 이제는 아무 것도 이치에 맞는 것이라곤 찾아볼 수 없게 되어버렸습니다. 이 시대는 새로운 영혼들이 태어나도 가장 비열하고 이기적이고 야비한 환경 속으로 들어갈 수밖에 없는 때이고 모든 인간의 존엄성은 사라져버린 시대입니다.

우리는 어둠을 밝히는 주님 손의 들린 횃불, 즉 세상의 빛일 뿐 아니라, 주님께서 세상에 보낸 치료약입니다. 치유, 이해, 해답, 주님 사랑을 담은 그릇, 사랑이라는 가장 강력한 처방인 것입니다. 주께서 우리를 하늘로 들어 올리기 전인 이 마지막 시간대에 우리가 이 사실을 인식하기를 바라십니다. 우리가 겪게 되는 수많은 종류의 시험들 가운데서도 우리가 평강 속에 있기를 바라십니다. 수많은 종류의 반대들이 우리에게 있을 것입니다. 일들이나 온갖 것들이 말도 안 되게 돌아갈 것입니다. 하지만 이것을 기억합시다. 우리가 행한 모든 선한 일들이 그 날에 온전히 보상을 받을 것입니다. 그리고 우리를 향한 이 모든 시험과 반대들은 그 하나하나가 다 주님께 의미를 가지고 있습니다. 이 시험의 시대에 주님의 인내와 오래 참음을 우리 모두에게 기름 부으시기를 기도드립니다. 우리가 받는 시험과 고난은 주님께 바쳐지는 기쁨의 기회들입니다. 이런 일들로 인해 우리 마음속에 부정적인 생각이나 쓰라림과 쓴 뿌리가 자라게 하지 맙시다. 지치거나 낙담하지 맙시다. 이러한 일들 하나하나가 하나님 나라의 의를 위한 사역이며, 매우 힘든 사역입니다. 그리고 천국에서 우리가 결코 그 상급을 잃는 일은 없을 것입니다.

희생과 사랑. 이 두 단어는 성경의 모든 가르침입니다. 성경의 모든 가르침이 '사랑하라'이며, 그 사랑을 위해서는 바드시 자기를 희생하는 과정을 포함합니다. 하나님의 본질이 사랑이고 그 사랑을 위하여 하나님 스스로를 죽이시면서 우리를 사랑하십니다. 우주보다 더 크신 하나님께서 이 땅에 육신을 입고 오셔서 희생과 사랑의 모습이 어떠한 것인지를 친히 보이셨고, 갈보리 언덕에서 찬란하고도 영광스러운 희생과 사랑의 결정체가 무엇인지를 하늘과 땅에 밝히 보이셨습니다. 인간에게 자유의지를 주심으로 인해 한 사람이 행하는 수많은 선택들을 보시면서, 하나님은 신실하게 양보하시고 희생하시며 우리를 향한 사랑을 지켜나가고 계십니다. 그리고 우리에게 가르치십니다. 우리도 반드시 희생하고 사랑하며 살아야 한다고 일관되게 강조하십니다. 자기를 부인하고 십자가를 진다는 것이 곧 희생과 사랑입니다.

성경에 등장하는 많은 아름다운 단어들이 있습니다. 거룩함, 영광,

은혜, 진리, 공의, 경건, 예배, 열매, 자유, 찬송, 천국, 덕, 등. 모든 단어가 하나같이 희생과 사랑의 두 뿌리에서 나온 것임을 알 수 있습니다. 단어 하나하나마다 아주 간단히 설명하며 소개해보겠습니다.

> *(레 11:45) 나는 너희의 하나님이 되려고 너희를 애굽 땅에서 인도하여 낸 여호와라 내가 거룩하니 너희도 거룩할지어다*

거룩함은 하나님의 성품입니다. 죄가 전혀 없으신 신성 그 자체입니다. 이 거룩함이 하나님의 본질이요, 이름인 사랑과 일맥상통합니다. 그 어떤 것도 불태우시는 하나님의 끝없는 사랑에 대한 열정이 곧 거룩함이시며, 자기 자신을 언제든지 죽이실 수 있는 희생의 깊이가 이 거룩함입니다. '내가 거룩하니 너희도 거룩할지어다'는 그 거룩한 하나님을 따라 우리도 온전한 희생과 온전한 사랑의 마음과 동기를 가지고 하나님을 닮으란 뜻이며, 하나님께서 반드시 그렇게 이루시겠다는 의지를 담은 말씀입니다. 그리고 우리는 이 땅에서 그렇게 희생하는 모습으로 빚어지고 사랑하는 모습으로 연단되어 천국에서는 주님의 형상 그대로 온전히 사랑하고 온전히 희생하는 모습으로 완전하게 변화될 것입니다.

> *(벧전 4:14) 너희가 그리스도의 이름으로 치욕을 당하면 복 있는 자로다 영광의 영 곧 하나님의 영이 너희 위에 계심이라*

영광은 박수와 칭송을 받는 그 어떤 것입니다. 주님은 각 사람에게 행하신 희생과 사랑으로 인해 박수와 찬송과 영광을 받으시기에 합당하십니다. 그 누구도 그 사랑에 대해 부인할 수 없게 될 것입니다. 그래서 우리는 감사와 찬송으로 기꺼이 삶의 자리에서 그분을 예배하며 살고 있는 것입니다. 영광의 영, 즉 성령이 우리와 함께하시면 우리도 그 영광의 길을 가게 됩니다. 즉, 자기를 주장하던 것을 내려놓고 성령님의 주장을 따라가고, 자기를 높이던 것을 내려놓고 다른 사람을 높이는 삶을 살아갑니다. 희생이고 사랑입니다. 이 영광의 길을 가다 보면 반드시 세상과 사람들로부터 작든 크든 조롱과 치욕을 당하게 됩니다. 그것이 하늘 시민의 복이 우리 안에 머물고 있음을 완전하게 증명하는 것입니다. 진실로 복 있는 자라고 하늘이 소리 높여 외치고 있는 것입니다.

(시 116:5) 여호와는 은혜로우시며 의로우시며 우리 하나님은 긍휼이 많으시도다

주님으로부터 오는 모든 것이 은혜입니다. 즉, 주님으로부터 오는 모든 것이 사랑입니다. 우리의 넘치는 죄에도 불구하고, 거의 항상 잘못된 생각과 선택을 하며 살지만 그대로 보응하지 않으시고 길이 길이 참으시며 사랑하시고 또 사랑하십니다. 우리가 누리는 모든 것이 다 주님의 양보와 사랑으로 부어지는 은혜입니다. 구원도, 성령도, 자유함도, 돕는 사람도, 평강도, 주님의 음성도, 지혜와 이해도, 생명의 능력도, 은사도, 기회도, 사역도, 쓸 것도, 씻으심도, 고난도, 병 고침도, 낮아짐도, 습관 고침도, 위로와 격려도, 소망도, 기쁨도 모두가 주님의 사랑이 우리에게 부어진 결과들입니다.

(요 8:32) 진리를 알지니 진리가 너희를 자유롭게 하리라

진리는 곧 희생과 사랑입니다. 진리 그 자체이신 예수님을 통해, 그분의 희생과 사랑을 통해 우리는 죄와 영원한 멸망에서부터 건짐을 받았습니다. 영생의 자유를 누리게 된 것입니다. 그리고 우리가 자기를 부인하는 진리, 자기 배를 채우고 욕구를 충족시키며 사는 삶을 비워가는 진리, 오직 이웃의 필요를 채우는 목표로 살아가는 사랑의 진리, 모든 것 되신 주님만을 사랑하고 섬기며 사는 진리 안에 거하면 세상의 온갖 얽매이게 하는 것들로부터 자유로워집니다. 세상과 원수들과 육신의 생각이 주는 온갖 염려와 두려움으로부터 자유롭게 됩니다. 원수들의 온갖 사나운 공격들로부터 자유롭게 됩니다. 반대로 자기 지위, 자기 재물, 자기 인기, 자기 힘, 자기 업적, 자기 실력을 계속 추구하고 살고 희생과 자기 부인이란 말은 단어로만 머릿속에 가지고 있다면, 자유함을 누리기가 어렵습니다. 죄와 사망의 덫이 발을 내딛는 곳마다 난폭하게 발목을 상하게 하고, 세상의 온갖 날카로운 창들에 찔림을 받고, 주님은 그저 저 멀고 먼 곳에서 이미지화된 채로 남아 있게 됩니다. 희생과 사랑의 진리에 순종하게 되면 평강과 기쁨이 넘치지만, 불순종은 큰 고통을 안겨줍니다.

> *(사 61:8) 무릇 나 여호와는 정의를 사랑하며 불의의 강탈을 미워하여 성실히 그들에게 갚아주고 그들과 영원한 언약을 맺을 것이라*

세상의 법조차도 사람을 사랑하며 살도록 권하고 너무 이기적이면 처벌을 받도록 되어 있습니다. 세상의 법에는 하늘의 공의와 정의의 그림자가 있기 때문입니다. 하늘의 공의는 자기의 유익을 돌보기보다 다른 사람의 유익을 돌보는 것이요, 자기는 그 자리에 있다

해도 다른 사람이 잘되기를 진심으로 바라는 것입니다. 콩 한쪽도 나누어 굶주린 형제에게 나누는 희생과 사랑의 모습이 정의입니다. 주님은 이런 정의의 모습을 사랑하시고, 반대로 내 것을 주장하고 또 더 얻기 위해 더 주장하는 모습을 미워하시며 보응하시겠다고 하십니다. 영원한 언약, 즉 천국의 영원한 삶과 충만함이 정의를 행하는 사람들에게 확실하게 주어진다고 보증하고 확증하십니다.

> *(롬 10:3~4) 하나님의 의를 모르고 자기 의를 세우려고 힘써 하나님의 의에 복종하지 아니하였느니라 그리스도는 모든 믿는 자에게 의를 이루기 위하여 율법의 마침이 되시니라*

하나님의 의는 그리스도를 통해 율법의 마침이 됩니다. 그리스도의 죽으심 곧 희생과 사랑을 통해 은혜로 구원을 얻고, 의를 가르치시는 성령님께서 우리 안에 내주하셔서 희생과 사랑의 길로만 인도하시어 율법, 즉 모든 가르침의 핵심인 '사랑하라'를 하나님 스스로도 이루시고 우리를 통해 마음속의 확고한 방향과 동기를 통해 이루십니다. 이러한 하나님의 의를 모르고 자기가 옳다고 주장하며 살아가는 모습의 사람들은 결국 하나님의 의에 복종하지 않게 됩니다. 하나님의 완전한 희생과 사랑으로 주어진 은혜에 자기가 옳다 생각하는 뭔가를 더하여 구원을 얻으려 하면서 하나님의 의에 복종하지 않습니다. 우리 안에 내주하셔서 자기중심의 삶을 그치게 하시고 오직 그의 나라와 의를 구하며 살아가는 희생과 사랑의 길에 복종하지 않고, 교묘하고 혼란한 말들로 다시 자기를 높이고, 자기가 옳다 하고, 자기의 유익을 구하며 살아가는 삶을 살게 하여 하나님의 의에 복종하지 않습니다.

세상과 육체의 끊임없는 욕구 충족과 충동에 맞서서 절제하고 인내하는 삶은 자기 부인의 대표적인 모습입니다. 그 속에 경건이 있습니다. 오늘도 이 물건 내일도 저 물건 하며, 물건을 의지하고 추구하는 삶이 곧 육신을 따라 사는 삶입니다. 최소로 필요한 것만을 추구하고 나머지 모든 욕구를 죽이고 절제하여 대부분의 시간을 우리 마음속에서 우리의 고요한 마음의 기도와 친밀함을 기다리는 주님을 바라보고 거하는 삶이 성령을 따라 사는 삶입니다. 그 속에 경건의 능력이 있습니다. 교회 안에 들어갈 때 행동을 조심하는 것은 경건의 모양일 뿐입니다. 내 잔고가 1만 원 전부인데도 주님께서 갑자기 빗속에서 구걸하는 한 사람을 만나게 하셨을 때가 경건을 향한 놀라운 기회입니다. 마지막 떡을 만들어서 아들과 함께 먹고 죽으려고 했던 가난한 과부가 엘리야에게 그 마지막 떡을 주는 모습 속에 경건의 능력이 어떻게 드러났는지를 우리가 압니다. 사랑의 동기를 가지고 자기의 작은 것도, 작은 시간도, 작은 마음도, 더 나아가 마지막 하나까지도 바치는 것이 주님이 말씀하신 자기 부인 곧 희생과 사랑의 경건이 가져다주는 놀라운 능력입니다. 주님은 하늘과 땅을 움직여서 이러한 경건의 모습에 하늘의 능력으로 한량없는 기름을 부으십니다.

우리 몸의 끝없는 소욕을 죽음으로 제단 위에 바치는 것이 주님께서 기뻐 받으시는 예배입니다. 육신의 일은 분명하니 사람의 끝없는 욕구와 의지들입니다. 자기의 유익을 구하며 생각해낸 모든 계획도, 모든 사람이 의지하는 도구인 돈이나 능력 같은 것들도, 돈과 자기 유익과 자기 높임을 위해 사람이 이뤄낸 일들도, 사람 사이에 높임 받는 그 어떤 평가도, 사람에게 자랑하게 되는 그 어떤 것도 다 육신에 속한 것들입니다. 이 모든 것을 내려놓고 비우는 것이 주님께서 기뻐 받으시는 거룩한 산 제물의 예배입니다. 오직 마음속 숨은 심령을 주님께서 사랑하시는 단아한 모습으로 가꾸고 오직 이웃을 사랑하는 달콤하고 부드러운 마음으로 유지하는 것이 예배입니다. 펄펄 뛰는 육체의 소욕을 이렇게 죽여가면서 썩지 아니할 하늘의 신령한 사랑으로 채워가는 것이 참된 예배입니다.

> *(시 51:17) 하나님께서 구하시는 제사는 상한 심령이라 하나님이여 상하고 통회하는 마음을 주께서 멸시하지 아니하시리이다*

구약에서 제사는 너무나도 중요한 자리에 있었습니다. 죄를 지으면 그 죄를 동물에게 손을 얹어 전가시키고 그 동물의 피를 흘림으로써 죄 사함을 받는 제사 행위를 통해 죄는 반드시 씻음을 받아야 했고 오직 피 흘리는 희생을 통해서만 다시 회복된다는 것을 보이셨습니다. 예수님께서 자신을 흠 없는 어린양으로 온 인류에게 주시고 모든 사람의 죄를 담당하시고 희생당하심으로 우리를 죄와 멸망의 나라에서 사랑의 나라로 옮기셨습니다. 단번에 이루셨습니다. 제사는 이처럼 희생과 사랑을 기초로 이뤄졌습니다. 그리고 이 제사의 가장 본질이 죄를 애통해하는 상한 심령에 기초한다고 위 말씀에서 확인할 수 있습니다. 이웃을 사랑하지 못하고 자기를 위해 행한 행동들로 인해 무너지듯이 고통당하고 애통해하는 상한 심령의 회개를 기초로 해야 한다는 것입니다. 그러나 이스라엘 백성은 형식적인 회개만 하고 행위적인 제사만을 반복했습니다. 그리고 하나님은 그런 제사 제도와 성전을 다 부숴버렸습니다. 지금도 지식에만 그친 예수님 십자가 죄 사함이 부서져버리게 될 제사 제도와 성전과 똑같습니다. 죄에 대한 상한 심령의 애통한 마음이 있어야만 그 속에서 진실로 이웃을 위해 사랑하며 살고 싶은 마음의 새살이 돋아나고, 정말로 주님만을 위해서 살고 싶은 불씨가 살아납니다.

(고전 3:16) 너희는 너희가 하나님의 성전인 것과 하나님의 성령이 너희 안에 계시는 것을 알지 못하느냐

구약 때도 성전은 하나님을 만나는 곳이었습니다. 사랑의 하나님을 만나러 들어가기 전에 반드시 희생 제사를 통해 피 흘림을 통해 죄 씻음을 거쳐야만 합니다. 성전도 역시 희생과 사랑의 만남이 있는 곳입니다. 지금은 우리 몸이 주님의 성전입니다. 우리 몸의 온갖 욕구들을 죽이고 절제하는 과정의 희생을 거치지 않으면, 결코 사랑의 주님의 환한 미소를 보기가 어렵습니다. 기도할 때 그저 자기의 이런저런 요구를 구하는 기도만 하면, 주님의 환한 미소를 보고 그 안에서 몇 시간이고 그 사랑과 평강에 취하여 누리는 기쁨을 경험하지는 못합니다. 전에는 그런 기쁨을 누렸다고 해도 세상의 온갖 소리들과 잡음들에 마음을 빼앗기고 나면 그런 기쁨을 회복하기가 아주 어렵게 됩니다. 3일만 놓치고 나도 다시 회복하기 위해서는 거의 반나절을 주님 앞에서 온 힘을 쏟아 붓지 않으면 안 되는 상황이 되고 맙니다. 주님은 항상 우리 곁에 계시지만, 우리의 마음이 세상의 이것저것과 자기 욕심과 야망에 얽혀 있다면 주님은 결코 쉽게 잡히는 분도 아니십니다.

> *(마 7:19~20) 아름다운 열매를 맺지 아니하는 나무마다 찍혀 불에 던져지느니라 이러므로 그들의 열매로 그들을 알리라*

열매는 얼마나 희생하는 모습이 보이는지, 얼마나 사랑하는 모습이 보이는지를 말합니다. 무슨 일을 하든지 자기 돈을 위해서 행하는 사람에게 희생의 모습을 찾기는 어렵습니다. 무슨 일을 하든지 사람에게 잘 보이려고 하는 사람에게는 온전한 희생이 잘 안 보입니다. 자기주장이 많은 사람들에게는 온유하며 오래 참으며 관용하고 너그럽게 품어주는 모습을 찾기가 어렵습니다. 열매는 사랑하지 못하는 자기 마음속을 들여다보며 애통해하고 슬퍼하고, 말을 부드럽게 하고, 상대방을 높이기 위해 생각과 말을 열심히 찾아서 상대의 마음을 기쁘게 하고, 갈등이 있는 곳에 주님의 화평이 임하기를 진심으로 기도하고 화평의 방법을 진심으로 찾으며, 자기를 비방하는 사람들에게 참고 맞대어 비방하지 않고 착하게 대하며, 생각으로 찾아오는 수많은 미움들에 맞서 예수님을 의지하여 싸우는 모습 속에서 열매가 맺혀집니다. 재정도 시간도 재능도 자기 몸과 욕구를 채우는 것을 위해 사용하는 데는 최소로 하고 오직 주님께서 주신 사명과 주님께서 보내신 그날의 사람에게 정성을 다해 사랑하는 모습을 보입니다. 이것이 성령의 열매입니다. (갈 5:22~23) 오직 <u>성령의 열매</u>는 사랑과 희락과 화평과 오래 참음과 자비와 양선과 충성과 온유와 절제니 이 같은 것을 금지할 법이 없느니라. 쉽게 말해 착하고 올바르며 마음속에 동기가 진실한 자기 부인과 사랑의 모습입니다. (엡 5:9) <u>빛의 열매</u>는 모든 착함과 의로움과 진실함에 있느니라.

> *(요 17:23) 곧 내가 그들 안에 있고 아버지께서 내 안에 계시어 그들로 <u>온전함</u>을 이루어 하나가 되게 하려 함은 아버지께서 나를 보내신 것과 또 나를 사랑하심같이 그들도 사랑하신 것을 세상으로 알게 하려 함이로소이다*

온전함은 오직 희생과 사랑의 연단을 통해서 이뤄집니다. 하나님의 속성이 사랑이시고 희생이시기 때문에 주님께서 우리 안에 거하시어 우리와 주님이 하나 되게 하시는 과정은 반드시 사랑과 희생의 과정을 거칩니다. 우리는 여전히 몸 가운데서 끊임없는 세상과 육체와 마귀의 유혹을 받으며 상하고 넘어지지만 다시 일으켜 세우시고 계속해서 희생하고 사랑하며 살아가는 길로 인도하십니다. 우리의 연약함은 이루 말할 수 없지만, 온전함을 향한 주님의 신실하심이 완전하시기 때문에 우리의 온전함은 이미 보장되어 있습니다. 우리 눈에 보기에는 온전한 게 하나도 없지만, 그 낮은 마음과 상한 마음 자체가 온전함을 이루는 가장 중요한 마음의 태도입니다. 그런 우리 내면을 볼 때 기뻐합시다. 진실로 약한 데서 하나님의 능력의 완전함이 이루어집니다.

> *(고후 3:17) 주는 영이시니 주의 영이 계신 곳에는 <u>자유가</u>*

주의 영, 즉 성령께서 임한 사람마다 자유를 누립니다. 성령은 곧 사랑의 열매를 맺게 하시는 사랑의 영입니다. 그리고 성령님은 오셔서 주님께서 말씀하신 것을 기억나게 하십니다. 주님께서 말씀하신 모든 내용이 다 '사랑하라'이고, '희생하라'는 말씀 속에 다 포함됩니다. 그리고 성령님은 죄에 대해 책망하시고, 의에 대해 책망하시고, 세상에 대해 책망하신다고 하십니다. (요 16:8~11) 그가 와서 죄에 대하여, 의에 대하여, 심판에 대하여 세상을 책망하시리라 <u>죄에 대하여라 함은</u> 그들이 나를 믿지 아니함이요 <u>의에 대하여라 함은</u> 내가 아버지께로 가니 너희가 다시 나를 보지 못함이요 <u>심판에 대하여라 함은</u> 이 세상 임금이 심판을 받았음이라. 죄에 대한 책망이라 함은 죄에 대한 죽음과 사랑에 대한 모든 가르침이신 예수님을 믿지 않음으로, 사랑하지 않는 그 모든 것이 죄라는 것임을 알려주시며 이 사실을 왜곡한 모든 것을 책망하십니다. 의에 대한 책망이라 하심은 부활하신 주님, 곧 우리의 죽은 영혼을 살리시는 일, 다시 말해 자기 자신을 위해 사는 모습을 죽이시고 사랑하는 모습으로 부활시키시어 이 땅을 살게 하시는 것, 희생하고 사랑하는 모습에 대적하여 세워진 모든 사람의 옳다 하는 것을 책망하시고 소멸하십니다. 세상에 대한 책망이라 하심은 세상은 자기를 위하여 자기를 높이며 살라고 권하는 세상 임금인 사탄에게 속아 세상과 자기를 사랑하며 살아가는 모든 것을 책망하시고 소멸해가신다는 뜻입니다.

이 모든 과정이 세상으로부터의 자유, 자기 사랑으로부터의 자유,

육신의 소욕으로부터의 자유, 죄로부터의 자유, 사망으로부터의 자유, 왜곡과 거짓으로부터의 자유이고, 주님 안에서 새처럼 자유롭게 날며 이 세상의 가치 기준에 얽매이지 않는 자유로움을 누리고, 때를 따라 먹이시고 입히시는 주님의 공급을 자유롭게 누리며, 자기 야망이나 욕심의 덫에서 벗어나 오직 주님께서 주신 생명이 풍성해지는 일에 성령의 능력과 함께 바람처럼 불처럼 자유롭고 뜨겁게 일하는 능력의 누림, 나를 위해 사는 것이 아닌 남을 위해 사는 오늘 하루와 올 한 해의 자유, 더 나아가 남은 생의 자유, 날마다 주님의 개입하심과 모든 장애물을 제거하시고 초자연적으로 일하시는 기적의 누림과 같습니다. 자기를 희생함으로 인해 사랑으로 충만한 자유를 누리는 삶입니다.

(약 5:13) 너희 중에 고난당하는 자가 있느냐 그는 기도할 것이요 즐거워하는 자가 있느냐 그는 찬송할지니라

고난과 희생과 불편함의 영적 비밀을 우리가 압니다. 어찌 찬송하지 않을 수 있을까요? 형제 사랑을 위해 가는 길에 반드시 만나야 할 조롱과 비방과 배척 앞에서 진심으로 찬송하지 않을 수 없습니다. 그 길에 얼마나 많은 하늘의 보석들이 떨어져 있는지…… 눈으로만 볼 수 있다면 다른 그 어떤 것으로도 비교할 수 없는 하늘의 존귀한 보석들이 그곳에 쏟아져 있을 것입니다. 이웃의 아픔을 바라보며, 세상의 날카로운 창에 찔려 쓰러져 눈물 흘리고 있는 형제를 위해 부드럽게 주님의 사랑을 확신시켜 주는 작은 손의 사랑. 그 길에서 만나는 고난이 있다면 그 어떤 것도 찬송할 수밖에 없습니다.

오히려 이런 것이 없다면 지금 누리는 기쁨을 슬픔과 애통으로 바꿔야 할 것입니다. (약 4:9) 슬퍼하며 애통하며 울지어다 너희 웃음을 애통으로, 너희 즐거움을 근심으로 바꿀지어다.

(빌 3:10~11) 내가 그리스도와 그 부활의 권능과 그 고난에 참여함을 알고자 하여 그의 죽으심을 본받아 어떻게 해서든지 죽은 자 가운데서 부활에 이르려 하노니

그리스도의 부활의 권능에 참여함은 곧 그 고난에 참여하고 있는 자기 자신을 확인하는 것입니다. 주께서 우리 죄를 위해 고난을 받으시고 죽으신 것처럼, 우리도 다른 사람을 위해 살지 않고 나 자신을 위해 사는 죄를 그치기 위해 날마다 마음속에서 올라오는 나 자신을 위한 이 생각 저 생각, 이 욕구 저 욕구를 죽이며 그리스도의 남은 고난에 참여함으로 부활의 권능에 참여하게 됩니다. 이는 주님의 날에 생명의 부활로 나아오거나, 이 땅에서 새 몸을 입고 하늘로 솟구쳐 오를 그 날에 참여하기 위함입니다. 우리 안에 거하시며 사랑과 희생의 길로 인도하시는 주님을 따라 오직 사랑과 희생의 삶을 걸어가며 이 부활에 참여할 수가 있습니다.

(마 5:10) 의를 위하여 박해를 받은 자는 복이 있나니 천국이 그들의 것임이라

의 곧 옳은 일, 즉 희생과 사랑의 삶을 살며 박해를 받는 자에게 천국이 보장되어 있습니다. 의 곧 하나님의 의, 하나님의 생명을 버리시는 희생을 통하여 구원을 향한 하나님의 사랑을 예수님을 통해 확증하신 그 하나님의 의를 통해 천국이 보장됩니다. 천국은 하나님의 통치인 섬김과 사랑이 이뤄진 곳이고, 모든 요소가 오직 사랑으로만 이뤄진 곳입니다. 자기가 섬기는 하나님(알라신)을 섬기지 않는 사람을 죽이면 천국에서 살결이 하얀 여자 70명이 주어지고, 술과 꿀이 흐르는 강물을 마음껏 마시며 산다고 하는 종교가 있습니다. 자기를 희생해야만 얻는 천국을 도리어 남을 죽이면서 얻으려 하고 있고, 자기 욕구를 부인하며 살아야 얻을 수 있는 천국인데 그곳에 온갖 정욕으로 채워놓았습니다. 희생과 사랑의 절대로 부인할 수 없는 진리를 하나님을 가장 사랑한다고 자부하는 종교가 이처럼 뒤틀었습니다. 우리 크리스천들의 천국 개념은 어떤지요? 온갖 자기 욕구와 자기만족의 극대화된 곳으로 천국을 보고 있지는 않은지요? 무슬림들과 하나님에 대해 얘기를 해보면 일반적인 크리스천들과 너무도 똑같은 하나님에 대한 개념과 일하심에 대한 개념을 가지고 있음에 놀랍니다. 예수님과 성령님에 대한 지식이 조금 다른 것 빼고는 웬만한 크리스천의 생각과 싱크로율이 90% 이상입니다. 그래서 주님께서는 열매로 판단하라고 하신 것입니다. 열매는 마음속 깊은 곳에서부터 오직 사랑을 위해 자기를 희생하는 삶을 사는지가 얼마나 보이느냐는 것입니다. 가르침의 내용이 뿌리 깊이까지 희생과 사랑을 가르치고 있느냐는 것입니다. 이 기준을 가지고 보면 그 차이는 확실히 분별이 됩니다. 종교화된 모든 종교와 가르침도 주님의 음성도 이 기준으로 분별해야 합니다. '오직사랑으로' 시리즈를 통해 희생과 사랑에 대한 나눔을 충분히 하고자 합니다. 무엇이 희생이고 무엇이 사랑인지를 분별하는 능력이 하늘로부터 존귀한 여러분에게 한량없이 부어지길 간절히 기도드립니다.

(벧전 2:9) 그러나 너희는 택하신 족속이요 왕 같은 제사장들이요 거룩한 나라요 그의 소유가 된 백성이니 이는 너희를 어두운 데서 불러내어 그의 기이한 빛에 들어가게 하신 이의 아름다운 덕을 선포하게 하려 하심이라

이웃을 사랑하는 일이 덕을 쌓는 일입니다. 우리에게 모든 것이 가하지만 모든 것이 덕을 세우는 것은 아닙니다. 오직 이웃 사랑과 주님 사랑을 위해 우리의 삶을 통해 주님의 아름다운 사랑과 희생을 선포해야 하는 역할이 우리에게 주어져 있습니다. 그리스도의 사랑이 내 입술을 통해 상대방을 영예롭게 대할 때 그리스도의 몸인 교회의 덕이 세워집니다. 하나님의 말씀을 전한다고 하며 상대방을 밀어붙이거나 마음에 상처를 준다면 그것은 덕을 세우는 것이 아닙니다. 그런 마음속에는 내가 옳다는 PRIDE(교만)가 뿌리 깊이 자리 잡고 있기 때문에, 상대방의 섬세한 마음을 헤아리지 못하고 거칠게 말하게 된 것입니다. 우리 마음속에 항상 존재하는 PRIDE를 희생시키고, 잃어버린 영혼들을 갓 태어난 신생아를 대하듯이 부드럽게 돌보고 연약한 부분을 감싸주는 사랑의 모습이 하나님 나라의 덕을 쌓아가는 모습입니다.

(요 13:14~15) 내가 주와 또는 선생이 되어 너희 발을 씻었으니 너희도 서로 발을 씻어 주는 것이 옳으니라 내가 너희에게 행한 것같이 너희도 행하게 하려 하여 본을 보였노라

천하 만물을 지으시고 통치하시는 주님께서 피조물의 발을 씻으십니다. 끝까지 사랑하십니다. 그리고 우리의 죄를 지시고 실신하도록 살이 찢기는 채찍을 맞고 피 흘리시고 고난의 십자가를 지고 죽음의 산을 향해 오릅니다. 우리의 손과 발로 범한 죄로 인해 손과 발에 못이 박히고, 우리의 머리로 지은 죄로 인해 가시면류관이 박힌 머리에서는 피가 끝이지 않고 흐릅니다. 그러게 모든 것을 내어주시고 죽으심으로 우리를 건지셨습니다. 이 사랑과 섬김과 희생. 이보다 찬란한 영광과 은혜와 가르침은 없습니다. 그리고 이처럼 행한 것은 우리도 행하게 하려 하여 본을 보인 것이라고 말씀하십니다. 우리가 반드시 따라가야 할 희생과 사랑의 본을 자상하고 부드럽게 모든 고통을 참으시며 보여주신 것입니다.

(막 1:1) 하나님의 아들 예수 그리스도의 복음의 시작이라

구약시대를 접고 신약시대를 연 최초의 신약성경 마가복음의 1장 1절은 예수 그리스도를 선포합니다. 예수님은 진실로 구약과 신약의 중심일 뿐 아니라 모든 것의 중심입니다. 모든 피조물의 중심, 모든 가르침의 중심, 모든 은혜의 중심, 모든 이름 위에 가장 뛰어난 이름입니다. (딤후 2:8) 내가 전한 복음대로 다윗의 씨로 죽은 자 가운데서 다시 살아나신 예수 그리스도를 기억하라. 원어를 직역해보면, "예수 그리스도를 기억하여라. 그는 죽음에서 일으켜지셨고, 다윗의 자손이시다. 이것이 나의 복음이다." 복음은 곧 예수님의 죽으심과 부활하심과 다스림에 있다고 선포합니다. 예수님의 죽으심은 곧 희생을 말하고, 부활하심은 희생과 사랑을 통해 생명의 다시 살아나심을 말하고, 하나님께서 다윗에게 약속하신 영원한 통치 언약의 실현인 예수님의 통치는 오직 희생과 사랑을 기초로 이뤄진다는 것임을 보이셨습니다. 이 땅에서 예수님은 주어진 사명을 완전하게 이루셨고, 지금도 하늘과 땅의 모든 권세를 가지시고 희생과 사랑의 기준을 가지고 다스리고 계시며, 영원의 세계에서도 희생과 사랑은 영원한 가치를 가지게 될 것임을 선포하십니다.

> *(갈 1:8) 그러나 우리나 혹은 하늘로부터 온 천사라도 우리가 너희에게 전한 복음 외에 다른 복음을 전하면 저주를 받을지어다*

앞선 섹션에서 나눴던 '복음이란 무엇인가'에서 회개, 십자가 죄 사함, 거듭남, 부활의 삶, 구원의 완성과 영광의 상급이 모두 희생과 사랑이란 두 단어를 중심으로 돌아가고 있음을 나눴습니다. 모든 가르침도, 하나님의 본질적 속성도, 십자가도, 예수 그리스도도, 복음도 모두 희생과 사랑의 의미 안에서 온전해집니다. 결코 변치 않을 하나님의 일관된 뜻인 희생과 사랑에 대한 순종이 아니면 복음에 참여하지 못하게 되는 결과를 만듭니다.

이 밖에도 전도, 교회, 고난, 심판, 정결, 선한 일, 흠 없음, 가르침, 교훈, 율법, 법, 하나님 말씀, 하나님 뜻, 예수의 심장, 도, 생명, 자랑, 싸움, 영적 전쟁이 모두 희생과 사랑을 기초로 한 개념들입니다. 성경에서 사용된 거의 모든 아름다운 단어들이 그렇습니다. 즉, 자기를 부인하고 십자가를 따르는 삶, 자기의 취향, 욕구, 의견, 주장, 의지, 계획을 내려놓고, 비우고, 낮아지는 삶. 오직 사랑하는 삶에 온 힘을 다해 집중하는 삶, 오직 주님의 은혜에 거하기만을 항상 제일 우선순위에 두는 삶을 사는 것에 대한 가르침입니다.

진리와 생명에 대해 갈급한 주의 자녀 여러분, 성경을 읽으실 때 희생과 사랑이란 핵심 가르침으로 성경을 읽고 묵상해보시길 권합니다. 감춰졌던 많은 하늘의 비밀과 초대교회의 그 충만했던 능력의 비밀이 풀어질 것입니다. 그리고 지금 우리 교회가 왜 이렇게 힘이 없어졌고, 믿는 자의 삶이 왜 이렇게 세상 사람과 별반 차이가 없어졌는지를 이해하게 될 것입니다. 그리고 마음속에서 부드럽게 손을 내밀고 계신 주님의 손을 잡으시고 막 걷기 시작한 아기처럼 한 발 한 발 자기 부인의 길과 남을 위하며 살아가는 삶을 향해 나아갑시다. 청소년처럼 달리고 있느냐 이제 막 걸음마를 시작했느냐는 그리 중요하지 않습니다. 마음속 동기와 방향이 정확히 주님의 가르침에 맞춰져 있는 것이 중요합니다.

내 영의 고백

- 주여, 제가 저의 욕구와 의지와 계획을 내려놓기를 원합니다. 부디 사랑과 진리를 위해서만 살 수 있도록 인도해주옵소서.

너무나도 존귀한 한 사람 한 사람

주님께서 한 사람 한 사람을 얼마나 존귀하게 여기시는지 우리는 헤아릴 수 없습니다. 하나님의 형상으로 지어진 존재, 하나님의 생명을 죽이시면서까지 사랑하신 존재, 하나님과 예수님과 성령님이 하나이듯이 그 거룩한 하나 됨에 참여하게 하신 존재. 가히 인간의 생각으로는 상상할 수 없는 그 무언가가 있습니다. 한 사람 한 사람의 가치가 그토록 아름답고 존귀하다는 단어가 가치 없을 정도로 그 가치가 그 어떤 것과도 바꿀 수 없는 보배로운 존재들입니다.

우리들의 아름다움과 가치는 이 지구 공간의 어디에도 갖다 둘 만한 그런 어떤 것이 아닙니다. 결코 아닙니다. 우리의 아름다움과 가치는 우주를 초월하는 것이며, 일반적인 감각과 생각으로는 이해할 수 없으며, 단지 천국의 감각과 생각으로나 상상할 수 있는 것입니다. 주님의 몸이며 교회인 우리 각 사람들은 지극히 아름답고, 파워풀하고, 은혜가 충만하고, 경외심을 불러일으키는 깃발 든 군대들입니다.

(아 6:4~5) 내 사랑아 너는 디르사같이 어여쁘고, 예루살렘같이 곱고, 깃발을 세운 군대같이 당당하구나 네 눈이 나를 놀라게 하니 돌이켜 나를 보지 말라 네 머리털은 길르앗 산기슭에 누운 염소 떼 같고

우리의 존재는 깃발을 든 군대와 같이 아름답고 우리의 시선은 주님께 부상을 입힐 정도로 사랑스럽습니다. 너무나도 짝사랑하던 사람이 반짝이는 눈으로 나를 바라볼 때 그 눈빛은 마음을 상하게 할 정도로 충격이고 아름다울 뿐입니다. 주님께서 우리를 그렇게 짝사랑하시며 우리의 눈빛은 충분히 주님의 마음을 그렇게 사랑으로 상처를 입히는 존재들입니다. 주님 눈에 보시기에 지극히 존귀하고 아름다운 자녀 여러분, 우리는 세상의 정죄에 너무도 깊이 쩌 들어왔습니다. 주님 앞에 있는 우리의 위상이 세상에서 지속적으로 잘리고 깎여나가고 있습니다. 우리는 어려서부터 아름다움에 대해 너무도 많은 거짓되고 잘못된 것들을 가르침 받고 있습니다. 우리는 우리가 행한 것을 깨닫기도 전에, 그런 가르침을 통해 우리 자신을 정죄하고 우리 자신을 죽이도록 배워왔습니다. 우리가 얼마나 아름다운 존재인지를 배워본 적이 거의 없습니다.

이 아름다움은 우리가 육체적인 아름다움을 과시하며 돌아다니는 것을 말하는 게 아닙니다. 절대로 아닙니다. 주님께서 한 영혼에 두시는 중요함의 가치에 우리가 어떻게 가치를 둘 것인가에 대한 방법에 대해 우리들은 결코 배워보질 못했습니다. 한 영혼의 가치는 진실로 아름다운 것입니다. 결과적으로, 우리는 우리 눈에 보이는 대로 우리 자신을 세상적인 기준의 아름다운 사람들에게 비교하기를 반복하다가 결국 100% 추한 모습만 채우고 맙니다. 하늘에서 보면, 우리들은 주님 앞에서 모두 탄성이 나올 정도로 아름다운 존재들이며, 경외함을 불러일으키는 깃발을 든 군대와 같습니다. 진실로 그렇습니다. 우리는 주님의 은혜로 옷 입혀졌고 치장되었습니다. 이 모습은 세상에는 전혀 보이지 않지만 하늘의 시민들에게는 선명하게 보이고 있습니다. 만약 우리들이 우리들을 둘러싸고 우리 안에 있는 이 은혜의 깊이와 너비를 알기만 하면, 우리들은 안식할 수 있을 것이고 그 은혜의 보고로부터 나아가 많은 영혼들을 돌보게 될 수 있을 것입니다.

우리는 마치 사파이어와 골드와 향기 나는 향품을 잔뜩 싣고 가는 마차와 같습니다. 우리가 주님을 알지 못하는 다른 영혼들에게 다가가면, 우리 안에 있는 주님의 임재로부터 흘러나오는 고귀한 내면의 어떤 것이 드러날 것입니다. 사람들은 그것이 무엇인지를 손에 잡지는 못하겠지만, 우리 안에 숨겨진 희귀한 보석 같은 것이 있다는 것을 느낄 수 있게 됩니다. 우리는 은혜와 아름다움으로 충만하고 주님께 너무도 소중하며 주님께서 그토록 소망하던 자들입니다.

우리 자신과 각 사람들의 아름다움을 보는 것에는 훈련이 필요합니다. 우리의 눈과 세상적인 가치 판단은 늘 이 훈련을 가로막습니다. 세상이 가지고 있는 것은 밖에서는 비춤이 있지만 실상 내면은 죽어 있는 것입니다. 그러나 우리들이 가지고 있는 것은 내면에서 비치는 것입니다. 속으로는 영적으로 죽어 있지만, 겉으로 발산되는 아름다움에 있어서는 솜씨 좋고 제법 잘 드러난 세상의 유명인사들에게 우리 자신을 비교해서는 결코 안 됩니다. 주님께서 남자나 여자를 보실 때 주목하시는 것은 그 속에 있는 빛을 보십니다. 그 빛은 밝게 빛나거나, 겨우 깜빡거리고 있거나, 아예 존재하지도 않습니다.

우리가 추함에 대한 거짓 감각으로 인해 짓눌릴 때, 우리는 위축되는 경향이 있고 우리 안의 빛이 다른 사람들에게 비추는 것을 막게 됩니다. 우리는 달아나고 숨고 쉽게 포기하게 되며, 다른 사람에게 다가가려는 우리의 결심은 금세 약해집니다. 이런 일들이 우리들에게 지금 바로 이루어지고 있는 일입니다. 우리들이 느끼는 지치는 것들의 일부는 건강하지 못한 자기비하에서 비롯된 낙담과 좌절입니다. 원수는 두 갈래 공격으로써 이것을 이용합니다. 겉으로 보기에 우리가 추하고 모자라다고 느껴질 때, 그것은 곧 우리가 다른 사람에게 다가가는 것을 방해하게 되고 또 가장 안 좋은 점은 그것이 주님과 혹은 주님께서 우리에게 보낸 영혼들로부터 시선을 빼앗아 우리 자신에게 초점을 돌리게 합니다. 이 방법은 우리가 다른 사람들을 향해 나가는 노력을 뒤틀어버리는 데 매우 효과적으로 적용됩니다. 우리가 아름다움을 느끼고 영감을 얻게 될 때, 우리는 보다 멀리 나가게 되고, 자신감을 갖게 되며, 베풀 수 있는 준비가 됩니다. 주님은 우리들이 자신을 볼 때 기한이 만료된 자 혹은 폐기되기를 기다리는 헌 부대로 보지 않기를 바라십니다.

우리 자신이나 다른 사람의 진정한 아름다움을 보기 위해서는 주님과의 친밀한 시간을 많이 가져야 하며, 반대로 세상의 온갖 것들에 대한 시간은 최소로 줄여야만 가능합니다. 단 며칠이라도 세상에

자신을 과도하게 내맡기고 활발한 일들을 하게 되면 이 같은 부정적
인 영향을 심각할 정도로 받게 됩니다. 정말로 우리 영혼에 안 좋은
영향들입니다. 주님의 사랑에 깊이 잠기길 원하시는 여러분, 만약
우리가 생명의 물결이 전진하기를 원한다면, 우리는 반드시 세상과
의 소통을 줄여야 합니다. 어떤 것들은 하지 않으면 안 되는 것이 있
음을 주님은 아십니다. 그리고 또한 어떤 것은 세상으로 막 뛰어나
가고 싶어 하는 우리의 충동에서 기인한 것임을 주님은 잘 알고 계
십니다. 잘 분별해서 할 것을 하고 절제할 것을 절제해야 합니다. 성
격, 외모, 이룬 것들, 가진 것들, 이런 세상적인 속성들이 우리를 움
츠러들게 하는 것도 허락하지 맙시다. 주님의 빛을 세상에 비추는
일을 하는 우리를 낙담하게 만드는 이런 세상적이 속성을 절대 용납
하지 맙시다.

> *(마 5:14~15) 너희는 세상의 빛이라 산 위에 있는 동네가
> 숨겨지지 못할 것이요 사람이 등불을 켜서 말 아래에 두지
> 아니하고 등경 위에 두나니 이러므로 집 안 모든 사람에게
> 비치느니라*

세상에 빛을 비추도록 우리를 부르신 주님의 뜻에 신실할 수 있는
주님의 은혜가 더욱더 많이 부어지고 넘치기까지 부어지기를 기도
드립니다. 세상과 원수들과 우리 육신으로 인해, 우리 안의 많은 것
들이 고갈되고 상처를 입었습니다. 이 상처를 위한 주님의 치료는
주님과 함께 더 많은 시간을 보내는 것입니다. 주님께서 우리를 위
해 노래하시고, 우리를 붙잡으시고, 주님께서 우리의 예배를 받으시
고, 주님께서 주님 자신을 우리에게 더욱더 많이 쏟아 부을 수 있도

록 주님을 허락하고 받아들이길 주님은 원하십니다. 그렇게 하면 주님은 우리가 연약하고 고갈된 상태에서 일어나 주님 사랑의 빛을 가지고 상처받고 있는 이 세상으로 나아가 그 사랑을 전할 수 있게 만드실 것입니다. 부서지고 상처받아서 주님 사랑의 연고를 필요로 하는 사람을 찾아봅시다. 그들이 추수하기에 알맞도록 잘 익은 열매들입니다. 그들이 바로 방주의 문이 닫히기 전에 주님께서 구원하시기 원하시는 사람들입니다. 주님 앞에서 아름답게 빛나고 있는 여러분. 나아가서 이 어둡고 소망 없는 세상에서 우리의 빛을 발합시다. 주님께서 주님의 허락하심과 사랑으로 우리들을 채우실 때에, 우리의 얼굴은 기쁨과 즐거움의 기름 부음으로 밝게 빛날 것입니다.

십자가로 이루신 각 영혼의 아름다운 실존들은 지속적인 공격과 훼손을 당하고 있습니다. 원수들의 참혹한 공격은 날이 갈수록 거세지고 있습니다. 특히 마지막 때인 이 시대의 영적 세계의 실제 모습이 어떠할까요? 아주 짙고 짙은 푸른색의 소용돌이 모양의 구름이 있고 거의 태풍의 중심부를 내려다보는 것과 같습니다. 그 중심에서 검은 날개를 단 생명체들이 나오기 시작하는데 검은색 날개가 달린 생명체들이며 마치 구름 같은 모습입니다. 그 형체는 너무나도 역겨울 뿐입니다. 구름처럼 보이는데 괴물 석상처럼 더러운 악마들의 모습입니다. 그들이 새처럼 나무 위에 앉습니다. 그 무리는 사람들 위로 날아다니며 오물을 배설하기 시작합니다. 악의 무리들은 죽임당해 땅 위에 드러누워 있는, 터질 듯 부어오른 흰 말을 뜯어 먹습니다. 이 악의 생명체들은 박쥐나 독수리와 같은 동물이며, 이 짐승들은 어두움 속에 살고 있으며 죽은 것을 먹습니다. 죽은 백마는 다른 크리스천들의 거짓된 말로 인해 죽임을 당한 크리스천들을 의미합니다. 이 생명체들은 어디에 내려앉든 죽음을 배설합니다. 그들이 땅에 내려앉기 위해서는 그곳에 반드시 죄악이 있어야 합니다. 자신을 향해서건 다른 사람을 향해서건 험담, 모략, 중상, 비난과 같은 죄악이 있는 곳에 내려앉습니다. 그렇기 때문에 주님은 주님의 신부의 입에서 비난이나 미워하는 말이 나오지 않도록 매우 힘쓰고 계시는 것입니다. 진실로 이런 것들이 주님의 아름다운 자녀들 위에 내려앉기를 원치 않으십니다.

판단하지 말라는 말씀을 이미 알고 계신 주님의 빛이신 자녀 여러분, 우리는 판단하는 그릇된 행동으로 인해 이 불결한 것들에게 문을 열어주며 그것들을 초대하고 있는 것입니다. 사탄은 우리 자신에 대한 불만을 통해 죄악의 장소를 만들어 악마들이 내려앉을 곳을 호시탐탐 노리고 있습니다. 그 문이 조금이라도 열리면, 즉 비판의 생각이 우리 머릿속에 조금이라도 자리 잡으면 조금도 실수 없이 그 열린 문을 열고 들어옵니다. 이 일에 원수들은 정말로 수천 년도 넘게 기술을 터득한 전문적인 싸움꾼들입니다. 이것이 우리가 주님을 예배해야 하는 매우 중요한 이유 중에 하나입니다. 주님을 예배할 때 주님은 우리와 함께하시며 우리를 신부로서의 아름다움과 순결함으로 회복시킵니다. 그리고 예배는 우리에게 주님이 원하시는 대로 성장케 하는 능력을 공급합니다.

우리가 스스로 자신을 깎아내릴 때, 우리는 이 사악한 것들이 내려앉을 자리를 만들어주는 것입니다. 이것이 바로 사탄이 우리를 깎아내리기 위해 밤낮으로 거짓의 영들을 보내는 이유입니다. 이는 우리로 하여금 그 더러운 생명체들이 내려앉을 처소를 준비하도록 하는 것입니다. 그리고 일단 그것들이 우리 위에 배설하기 시작하면, 우리는 남들을 판단하고 폄하하기 시작합니다. 우리는 '우리 자신'이 누구인가를 견딜 수가 없기 때문에 비통함과 환멸을 느끼면서 남의 결점을 발견할 기회나 찾아다니는 불구가 되어버리는 것입니다. 이것이 터무니없게 들리시는지요? 우리 주위를 둘러봅시다. 얼마나 많은 불행한 이들이 다른 사람들의 잘못을 찾느라 바쁜지 보이지 않는지요? 그들에게는 비통함과 실망이 가득합니다. 저 악하고 더러운 생명체들이 그들에게 불행을 배설하면 그들 또한 다른 이에게 불행을 전달하는 것입니다. 이 악순환은 계속될 것입니다. 그렇게 아름다운 영혼들은 죽어갑니다.

> *(요 10:10) 도둑이 오는 것은 도둑질하고 죽이고 멸망시키려는 것뿐이요 내가 온 것은 양으로 생명을 얻게 하고 더 풍성히 얻게 하려는 것이라*

주님은 우리에게 생명을 주려고 왔습니다. 그냥 생명이 아니라 풍성한 생명을 주려고 왔습니다. 하나님의 왕국은 공의로우며 평화와 기쁨과 사랑이 넘치는 곳입니다. 이런 깨끗한 것들을 누리면서 동시에 다른 한편으로 불결한 것을 가지고 있을 수 없습니다. 이것이 우리가 주님의 임재 가운데 들어갈 때, 주님께서 우리를 정결하게 하시는 이유입니다. 이는 또한 우리 자신의 건강을 위해서도 필수적입니다. 주님께서 우리를 아름다움으로 채우신 뒤, 우리가 만지는 모든 것이 아름다워지고 새 생명으로 가득 차게 만드십니다. 그래서 외롭고 상처받고 외면당한 자들이 우리에게 찾아오면 주님의 기름 부음이 그들을 치유하기 시작할 것입니다.

한 영혼의 가치와 아름다움은 그 영혼과 바꾼 주님의 십자가 고난입니다. 다른 어떤 것도 아닌, 바로 주님의 십자가 고난. 그래서 사람 눈에 가장 형편없는 자가 주님께는 주님의 생명과 바꿀 만큼 소중합니다. 주님의 생명의 값어치와 아름다움을 우리는 상상하지 못한다고 고백할 수밖에 없습니다. 그만큼 그 아름다움과 존귀함의 높고 깊음은 높고도 깊습니다. 우리가 주님의 사랑의 대사가 되기 위해, 우리는 우리 자신을 사랑하고 있는 그대로의 자기 자신과 평안해야 합니다. 그리고 우리 자신이 아닌 것과도 평안해야 합니다. 우리가 처해 있는 곳, 주님께서 우리를 데려갈 곳, 그리고 우리가 가지 않을 곳과도 평안해야 합니다. 주님의 생명을 걸고 선포하신 아름다움 그 자체인 우리 영혼, 그토록 아름다운 우리 영혼에 그 어떤 질병도 있어선 안 되며 자기혐오나 비하도 있어서는 안 됩니다.

겸손과 자기혐오는 다릅니다. 자기 자신을 혐오하면서 어떻게 다른 영혼을 사랑할 수 있겠습니까? 주님께서 우리를 회개하게 하시며 죄와 악을 거부하게 하는 것은 우리를 향한 주님의 사랑입니다.

(롬 2:4) 혹 네가 하나님의 인자하심이 너를 인도하여 회개하게 하심을 알지 못하여 그의 인자하심과 용납하심과 길이 참으심이 풍성함을 멸시하느냐

우리가 죄와 악을 증오하는 것은 잘하는 일입니다. 그러나 우리가 어찌 주님께서 사랑하시는 것을 증오할 수 있겠습니까? 주님은 우리를 사랑하십니다. 그렇다면 어찌 우리 자신을 증오할 수 있겠습니까? 그럴 수 없습니다. 그러면 안 됩니다. 한 명철한 신학자이자 설교자가 있었는데 하나님의 은혜의 그 크심에 깊이 심취하면서 동시에 사람의 벌레만도 못함에 대한 심각한 자각에 깊이 빠진 경우가 있었습니다. 너무나도 총명한 머리로 성경 속에서 '죄와 의'라는 단 두 가지로 놀라운 해석들을 많이 해냈습니다. 하지만 이 같은 해석은 정죄감을 깊이 쌓게 되는 부작용을 낳을 수 있다는 생각을 하게 되었습니다. 주님의 마음은 그렇지 않다는 것을 알게 되었습니다. 결코 인간의 실존에 대해서 주님은 결코 증오하지 않으십니다. 오직 죄와 악에 대해서 불타는 맹렬함으로 증오하시고 소멸해가시지만, 영혼들에 대한 사랑의 크기는 그 모든 것을 뒤덮을 만큼 크시고도 깊습니다. 기록되어 있지 않습니까?

> *(요 3:16) 하나님이 세상을 이처럼 사랑하사 독생자를 주셨으니 이는 그를 믿는 자마다 멸망하지 않고 영생을 얻게 하려 하심이라*

어떻게 악으로 판단되고 미움받는 것을 구원하고 구속하실 수 있겠습니까? 진실로 주님은 우리를 사랑하십니다. 주님은 죄악을 증오하십니다. 그러나 우리의 실존은 사랑하십니다. 주님께서 우리에게 이 같은 사랑을 보여주셨기 때문에 우리가 주님을 사랑하게 된 것입니다. 그리고 우리 또한 죄악을 미워하고 회개하며 죄악의 삶에서 떠나 거룩한 삶이 되어가며 주님을 기쁘게 하고 있는 것입니다. 주님께서 어떻게 우리 본성에 이런 변화를 가져왔겠습니까? 이는 바로 우리를 향한 주님의 사랑을 보여주심으로써 가능했던 것입니다.

　두려움에서 비롯된 복종은 사랑에서 비롯된 복종보다 못합니다. 주님은 우리가 모든 것을 시작할 때 스스로 선택하여 주님을 사랑하기를 바라십니다. 희생을 감수하시고도 우리에게 자유의지를 주신 근본적인 이유가 이것입니다. 주님께서 인간의 모습으로 이 땅에 오셔서 무조건적인 사랑과 용서의 삶을 살기 전까지 사람들의 회개의 동기는 심판에 대한 두려움이었습니다. 그러한 두려움이 얼마나 오래 지속되겠는지요? 그보다 더 큰 두려움이 덮칠 때까지입니다. 다시 말해, 항상 더 두려운 것은 있기 마련입니다. 항상 더 아름다운 사람이 있기 마련이듯이 말입니다. 그러면 해결책이 무엇이겠습니까? 우리는 우리의 사랑을 주님께로 끌어가는 것입니다. 그리고 주님도 우리의 사랑을 끌어당기고 계십니다. 어떻게 우리 사랑을 끌어당기고 계실까요? 우리를 두렵게 해서 끌어당기실까요? 물론 아닙니다. 주님은 우리를 사랑함으로써 그렇게 하십니다. 주님과 우리가 서로 사랑하는 그 사랑 안에서, 우리는 삶의 어느 지점에 도달하게 됩니다. 우리 삶의 어떤 것이 주님을 향한 우리의 사랑을 증거할 수 없는 것일 때, 그것은 더 이상 우리에게도 아무런 가치가 없다는 것을 분명히 깨닫게 됩니다. 그 지점에 도달하게 되면, 우리는 육신은 죽일 수 있지만 영에 대해서는 아무것도 하지 못하는 자들에 대한 두려움이 사라지게 됩니다. 우리 마음은 초대교회 성도들이 그러했듯, 기꺼이 우리 육신을 사자의 밥으로 내어주는 것과 같은 주님에 대한 사랑으로 빛날 것입니다.

하늘로 찬란한 빛을 발산하고 있는 주님의 신부 여러분, 결국 우리
는 주님께서 우리를 사랑하시듯 우리도 우리 자신을 사랑하게 됩니
다. 특히 심령의 썩지 아니할 우리 마음을 사랑하게 됩니다. 그 마음
속에 거하시는 주님을 우리는 보게 될 것입니다. 우리 안에 거하시는
주님의 임재 안에서 기쁨과 평안을 발견할 것입니다. 그리고 우리는
그 사랑을 얼룩지게 하는 그 어떤 것도 거절하게 될 것입니다.

> *(요 14:23) 예수께서 대답하여 이르시되 <u>사람이 나를 사랑
> 하면 내 말을 지키리니</u> 내 아버지께서 그를 사랑하실 것이
> 요 우리가 그에게 가서 거처를 그와 함께 하리라*

우리는 죄악을 미워할 것이나 주님께서 영원히 거하시기로 선택
한 처소, 즉 우리 마음을 사랑하게 될 것입니다. 주님께서 우리 마음
의 모든 것을 새롭고 아름답게 하실 것입니다. 주님은 우리가 하나
님 아버지로부터 받은 순결함을 회복할 것입니다. 우리가 어찌 하나
님 아버지의 본질을 사랑하지 않을 수 있겠습니까? 하나님을 사랑하
면 그분께서 창조하신 모든 것을 사랑하게 됩니다. 우리 자신을 포
함해서 말입니다. 우리는 죄악을 미워하며 경멸할 것이며 그것이 우
리 삶으로 들어오는 것을 거부할 것입니다. 그러나 우리 자신을 미
워하며 경멸하지는 않을 것입니다. 우리는 주님에게 너무도 아름답
습니다. 그렇습니다. 우리는 너무나도 아름답습니다. 주님께서 주님
의 생명을 걸고 모든 것을 회복하셨기 때문입니다.

> *(골 1:19~22) 아버지께서는 <u>모든 충만으로</u> 예수 안에 거하
> 게 하시고 그의 십자가의 피로 화평을 이루사 만물 곧 땅에*

주님 안에서 변화된 우리 모습을 사랑할 수 있도록 주님의 은혜가 부어지길 기도드립니다. 우리 자신을 사랑할 때에야 비로소 형제를 사랑할 수 있기 때문입니다. (마 22:37~40) 예수께서 이르시되 네 마음을 다하고 목숨을 다하고 뜻을 다하여 주 너의 하나님을 사랑하라 하셨으니 이것이 크고 첫째 되는 계명이요 둘째도 그와 같으니 네 이웃을 네 자신같이 사랑하라 하셨으니 이 두 계명이 온 율법과 선지자의 강령이니라. '둘째도 그와 같으니'라는 뜻은 결국 하나님 사랑과 이웃 사랑이 하나로 연결되어 있다는 것입니다. 주님의 사랑 안에서 우리의 마음이 회복되면 이웃 사랑이 자연스럽게 나오게 되어 있다는 뜻이고, 주님의 사랑을 경험하지 못하고 이웃을 사랑해야 한다는 강박관념에 사로잡힌다면 그 결과가 뻔하다는 뜻입니다.

우리는 지금 반드시 시작해야 합니다. 아침에 주님의 미소와 사랑을 받기 시작합시다. 하나님 아는 것을 대적하여 높아진 것을 다 무너뜨리고 모든 생각을 사로잡아 그리스도에게 복종하는 일을 새벽녘부터 시작해서 하루를 승리해 나갑시다. 주님은 아름다움 그 자체인 우리를 향한 주님의 미소를 우리 가슴에 깊이 새기시기를 원하십니다. 우리에 대한 주님의 사랑과 지지와 격려가 우리 온몸에서 뿜어져 나오길 바라십니다. 이것으로 사람들이 우리에 대해 알게 하시고자 하십니다. 우리 안에 아름다움의 근원인 생명의 샘이 있다는 것을 알도록 하실 것입니다. 주님이 우리 마음 안에서 높여지면, 주님은 모든 사람을 주님께로 이끄실 것입니다. 근원에서부터 아름다움이 상하고 깨어진 영혼들에게 흘러가고 아름다움을 향해 회복될 것입니다. 진실로 그렇습니다. 우리는 아름다운 주님의 사랑의 대사이자 사랑의 특사입니다.

(마 5:16) 이같이 너희 빛이 사람 앞에 비치게 하여 그들로 너희 착한 행실을 보고 하늘에 계신 너희 아버지께 영광을 돌리게 하라.

내 영의 고백

- 주여, 저의 아름다움을 주님의 관점으로 더욱 온전히 볼 수 있도록 도와주옵소서. 제가 그 아름다움 안에서 더욱 감사하고 기뻐하고 다른 어떤 것과도 비교하지 않게 해주옵소서. 그리고 주위의 모든 사람 속에 있는 진실한 아름다움을 십자가를 통해 볼 수 있게 도와주옵소서. 마침내 반드시 이루어질 아름다움의 완성을 향해 제가 살아갈 수 있도록 인도해주옵소서.

자기 높이기로 하나님께 대적하기

사랑하라는 주님의 가르침. 주님은 이 일관된 가르침으로 우리를 한평생 인도하십니다. 이 인도하심은 진실로 부드럽고 온화히게 진행됩니다. 꽤 긴 삶의 여정을 통해 주님의 사랑을 충분히 누리게 하십니다. 자기 마음의 원하는 것들을 다 해보도록 허락하시고, 결정적인 일들은 막으시지만, 충분히 질릴 정도로도 세상에 파묻히도록 허락도 하십니다. 우리들 각자의 삶의 모양은 너무도 다르고 환경도 너무도 다르지만, 지난 세월을 돌이켜보며 자기 삶의 구석구석에서 일하신 주님의 사랑에 대해서 부인하지 못하게끔 세세한 사랑과 충만한 사랑으로 잔뜩 채워주십니다. 그리고 그 사랑의 근원이 어디에서 오는지를 서서히 깨닫게 되고, 주님을 사랑하는 마음으로 자연스럽게 이끌림을 받게 됩니다. 사랑에서 비롯된 순종과 사랑을 향한 순종이 시작됩니다. 이 같은 순종의 발걸음을 떼고 아장아장 걷는 주님의 자녀들. 이들은 주님께 설명할 수 없을 정도의 아름다운 존재들입니다. 모든 발걸음, 마음속 모든 의도가 거룩함 가운데 깨끗해져 갑니다. 왜냐하면 그 자녀는 주님 것이기 때문입니다. 가장 사랑스러운 존재인 신랑 신부의 모습을 따라서 신부라고 불러주십니다. 그냥 단어적인 표현이 아니라 주님 눈에 비친 우리의 모습이 사람들의 표현으로 빌리자면 신부라는 표현이 그나마 가장 사랑스럽고 존귀한 존재이기 때문에 신부라고 부르시는 것이죠. 신부는 자신의 삶을 주님께 완전히 바칩니다. 100% 다 줍니다. 신부의 순종을 두고 단순히 아름답다고 말하는 것은 부족한 표현일 것입니다. 신부의 순종은 주님께는 너무도 강렬한 아름다움을 지니고 있습니다. 온 세상은 자기 자신의 의지 안에서 이리로 저리로 뛰고 있지만, 신부의 발걸음은 순종함으로 거룩한 발걸음을 내딛습니다. 신부는 결코 자신이 딛고 있는 발걸음의 아름다움을 볼 수도 없고, 그 뒤에 남겨진 거룩한 향기를 상상조차 하지 못합니다.

만약 주님께서 신부의 순종의 가치를 그림으로 그리신다면 이럴 것입니다. 발에는 금으로 만든 샌들이 있고 그 발의 아름다움과 완전함을 말할 수 없으며, 진주와 보석으로 장식되었으며, 발걸음마다 달콤한 멜로디가 울립니다. 신부가 그 발을 살짝 들어 올릴 때, 백합들은 즉시 다 일어서서 그 향기를 뿜어냅니다. 그 주위에 빛이 있고 그 빛이 뿜어져 나옵니다.

신부가 감당한 일이 어려우면 어려울수록, 더욱 아름다운 멜로디가 나오고, 꽃들과 과일들이 더욱 풍성하게 일어납니다. 신부가 매일 걷는 길을 걸을 때, 양쪽 길가의 과일나무들이 솟아나고, 기쁨의 향기를 뿜어냅니다. 가장 지쳐 있고 전쟁으로 찢긴 영혼들을 위해서도 매력적인 과일들이 솟아납니다.

이것이 주님을 향한 신부의 순종을 의미하는 것입니다. 이러한 사랑의 꽃들은 결코 사라지지 않습니다. 지구에서는 사라지지만 천국에서는 그렇지 않습니다. 결코 사라지지 않습니다. 오히려 이 꽃들은 계속 더 번성하여 충만한 숲을 이루기까지 자라납니다. 꽃들도 영원하고 그 향기도 영원히 지속됩니다. 주님께서 신부의 정원에 가서 이 나무들과 꽃을 꺾는다 해도, 더욱 많은 열매를 낼 것입니다. 이 정원이 얼마나 아름다운지 우리는 상상할 수 없습니다. 넝쿨이 타고 올라가도록 만들어진 격자 모양의 나무들, 정교하게 수놓아진 나뭇가지들, 눈으로 볼 때 얼마나 아름다운지 모릅니다. 세상 그 어떤 아름다운 정원과도 비교할 수 없습니다.

진실로 하늘에서 온갖 아름다움으로 치장된 신부 여러분. 이해하시겠는지요? 순종은 결코 작은 것이 아닙니다. 순종은 한순간의 열매를 만들어낼 뿐 아니라 영원의 열매를 만들어냅니다. 그 열매들이 가득한 정원에 가서 열매를 따서 가득 실어서 치유가 필요한 다른 곳에 보내기도 할 것입니다. 이 열매에는 은혜가 함께 부어져 있습니다. 왜냐하면 이 열매는 사랑과 순종 안에서 맺혀진 것이기 때문입니다. 은혜는 열매를 맺히게 하고, 이 열매는 다른 사람들이 먹도록 유익을 줍니다. 주님께서 우리 모두에게 나누고 싶은 비밀입니다.

(요 3:12) 내가 땅의 일을 말하여도 너희가 믿지 아니하거든 하물며 하늘의 일을 말하면 어떻게 믿겠느냐

우리의 순종과 관련해서 하늘에서 벌어지는 일들과 많은 비밀들을 우리가 알면 우리는 끝없이 놀라게 될 것입니다. 천국의 일들과 영적인 삶은 끝이 없습니다. 신부의 순종은 천국의 환경을 창조하고 있습니다. 진실로 하나님의 나라는 왔고, 하나님의 뜻은 이루어졌습니다. 지금 우리 육신의 눈으로는 안 보이지만 머지않아 썩어질 육신의 눈을 벗고 새로운 눈으로 반드시 보게 될 것입니다.

원수들은 이 영의 세계의 정원들을 아주 싫어합니다. 이것들을 파괴하기 위해 끊임없이 방법을 연구합니다.

(요 10:10) 도둑이 오는 것은 도둑질하고 죽이고 멸망시키려는 것뿐이요

이 정원을 파괴하기 위해 원수들이 주로 사용하는 것은 사람의 이기심과 자기 의지입니다. 입이 주는 즐거움은 이기심을 자극하고 고양시킵니다. 세상적인 성취도 이기심을 고양시킵니다. 자기 자신을 기쁘게 하는 모든 것이 동원되고 이 정원을 감염시킵니다. 흉측한 벌레들이 끼어들어서 눈에 보이는 모든 것을 파괴합니다. 자기를 즐겁게 만드는 벌레들은 이 정원의 꽃들의 줄기를 공격합니다. 자기 자신으로 자기 마음을 꽉 채운 영혼 속에 있는 이 작은 벌레들은 꽃들을 조금씩 갉아먹어서 마침내 아무것도 남지 않게 만듭니다. 뿌리에는 단단한 교만(자만심, Pride)이 자라나기 시작합니다. 계속 자라나서 꽃에게 영양을 공급하는 것을 다 막아버리고 더 이상 꽃이 서 있지도 못하게 만듭니다.

진실로 그렇습니다. 우리는 또 다른 모든 종류의 해충들을 볼 수 있습니다. 하지만 뿌리에 있는 단단한 것은 볼 수 없을 것입니다. 열매와 꽃잎들이 교만(Pride)으로 인해 상하게 되면 결코 버틸 수가 없게 됩니다. 교만(Pride)이 일단 정원에 들어오면, 결국 모든 것은 사라지고 맙니다. 원수들이 항상 가장 첫 번째로 노리고 공격하는 것이 이것입니다. 교만(자만심, Pride), 즉 자기를 높이는 생각의 뿌리입니다. 자기가 옳다 생각하는 생각의 뿌리입니다. 교만 혹은 자만심은 우리가 행한 모든 것을 파괴할 것입니다. 결국 우리의 인생길에서 거둘 수 있는 영생의 열매는 사라지게 됩니다. 생각으로라도 자기를 높인다는 것의 결과는 이처럼 치명적입니다. 이기심과 자기 의지, 그 속에 교만 뿌리는 입의 만족과 세상적인 성취들을 통해 이처럼 천국의 아름다운 정원을 파괴합니다.

다시 순종의 아름다움에 대해 나눠봅시다. 신부들은 모든 쓸모없는 것들과 세상적인 것들에 신경을 끄고 오직 주님만을 위합니다. 모든 것이 믿음과 사랑에 대한 순종으로 이뤄집니다. 이 과정에서 거두어들인 열매가 무엇이겠는지요? 가족들의 치유가 있을 것이고, 주님과 훨씬 더 깊은 관계가 있을 것이고, 마음의 평화와 즐거움이 있을 것입니다. 자기를 아끼지 않는 사랑의 분위기가 관계들 가운데서 꽃처럼 피어납니다. 우리 삶에서 이 같은 열매를 보고 있는지요? 열매가 있다면 세상과의 접촉을 잃어가고 있을 것이고, 그만큼 주님 안에서 얼마나 많은 것들을 얻어가고 있는지 확인할 수 있을 것입니다.

주님을 향한 우리의 순종은 가장 중요한 것이며 처음부터 끝입니다. 매 순간에 우리가 하는 역할들을 주님께서 결정하고 있습니다. 왜냐하면 우리는 우리의 삶을 주님께 드렸기 때문입니다. 하나님 나라의 가장 좋은 열매를 맺게 하기 위해, 가장 적절한 때에 가장 적절한 장소로 우리를 인도하는 방법을 주님은 잘 알고 계십니다. 그러므로 가장 필요한 것은 우리의 순종입니다. 그리고 은혜가 나머지 모든 일을 합니다.

하지만 우리가 주님의 음성을 매우 주의 깊게 듣고 있지 않는다면, 우리는 순종할 수 없게 됩니다. 듣는 것이 일단 필요하고, 매우 주의 깊게 분별하며 듣는 것이 그다음 필요합니다. 우리가 주님과 함께하는 시간이 많을수록, 주님 음성을 듣는 능력이 늘어나고, 매 순간 순간마다 주님께서 우리를 통해 하기 원하시는 것을 깨닫는 감각이 고조될 것입니다. 이러한 과정을 통해 우리는 하나님 나라의 좋은 열매를 거둘 수 있습니다. 주님의 음성을 듣는 것에 대해서는 3권에서 꽤 긴 글로 나누도록 하겠습니다.

(눅 5:38) 새 포도주는 새 부대에 넣어야 할 것이니라

존귀한 주님의 신부 여러분, 주님의 가르침들과 교정에 대한 우리의 태도가 우리의 영적인 성장을 결정한다는 사실을 깨달읍시다. 우리의 능력이나 업적이 결정하는 것이 아니라 우리의 태도가 결정하는 것입니다. 주님을 향한 사랑으로부터 우러나오는 순종을 향한 열망. 이런 부드러운 마음을 주님은 원하십니다. 이런 마음과 함께 주님은 무엇이든 할 수 있습니다. 우리 마음의 기질이 결정적인 차이를 만듭니다.

우리는 실수와 실패에 대해 너무도 염려하고 있지만, 주님은 그 모든 것을 사용하고 계십니다. 어떤 때는 주님께서 고의적으로 그런 일을 허락하셔서 우리를 겸손케 하시기도 합니다. 깨진 그릇에 주님의 가장 좋은 포도주를 부을 수 없기 때문입니다. 깨진 그릇이란 다른 사람을 판단하는 것, 어떤 사람이든 거칠게 대하는 것, 배울 마음이 없는 것, 고집 센 것, 교만(자만심, Pride)과 자기 의지입니다. 즉, 마음속에서 자기를 높이고 자기를 옳다 여기며 주장하는 모든 태도를 말합니다. 주님 앞에 놓인 그릇은 유순해야 합니다. 그래야 주님의 가장 좋은 포도주를 부을 수 있습니다.

우리는 이 사실을 알아야 합니다. 우리가 넘어지는 상황이 있기 전에 우리가 넘어질 것이라는 것을 주님은 알고 계십니다. 그리고 이미 우리의 회복을 위한 주님의 준비가 마련되어 있습니다. 그런데 일을 힘들게 만드는 것이 있는데, 우리가 넘어지고 난 후 수치심 때문에 주님에게서 도망가 버릴 때가 그렇습니다. 우리가 뭔가를 하기도 전에 주님은 우리가 하게 될 일과 결과를 알고 계십니다. 우리를 막아보려고 노력하시지만, 우리는 주의 깊게 듣지 않습니다. 지금도 우리를 향한 주님의 모든 목적은 우리를 회복시키시고 은혜로 이끄시는 것입니다.

넘어지고 난 후에는 항상 회개가 있어야 합니다. 다른 무언가를 하기 전에 주님께 나아가 무릎을 꿇고 주님을 아프게 한 것에 대해 회개하길 바라십니다. 보석같이 빛나는 영혼인 여러분, 주님께서 우리의 마음속에서 기다리고 계시니 넘어지거든 주님께로 갑시다. 위로하고 용서하기 위해 주님께서 우리 마음속에서 기다리고 계십니다. 도망가지 맙시다. ‘하나님은 그 일에 대해 결코 너를 용서하지 않을 거야’라고 말하는 대적의 말에 귀 기울이지 맙시다. 그건 거짓말입니다. 주님과 다른 사람을 아프게 한 우리 행동을 슬퍼하며 진실하게 고백하기를 주님은 기다리고 계십니다.

> *(마 11:29) 나는 마음이 온유하고 겸손하니 나의 멍에를 메고 내게 배우라 그리하면 너희 마음이 쉼을 얻으리니*

우리가 죄를 지을 때 주님이 반응하는 것은 분노라고 우리는 생각하는 경향이 있습니다. 그렇지 않습니다. 실상은 분노가 아니라 슬픔입니다. 주님은 우리로 인해 슬퍼하는 것입니다. 왜냐하면 주님께서 우리를 사랑하고 계시며 우리 영혼에 가해진 상처를 주님께서 알고 계시기 때문입니다. 주님의 가장 첫 번째이자 유일한 생각은 우리의 회복입니다. 진실로 그렇습니다. 우리의 상처를 회복시키고 강건하게 일으키는 것입니다.

이런 일이 벌어질 때 대적은 우리 귀에 대고 소리를 지릅니다. ‘넌 가망 없어. 넌 버려진 거야. 그 죄는 용서받을 수 없어. 이제 포기해. 넌 결코 온전케 될 수 없어. 이제 알았니? 어차피 지옥에 갈 테니 남은 생을 그저 즐겁게 보내면 돼. 너는 절대 하나님 앞에서 떳떳할 수 없어. 넌 실패한 거야, 실패자라고.’

하나님 나라에는 실패자라는 것은 없습니다. 그 대신, 기꺼이 변화하고자 하는 사람과 그런 마음이 없는 사람만 있을 뿐입니다. 진심으로 뉘우치는 영혼들을 주님은 결코 버리지 않으십니다. 주님은 깨어져 부서진 작은 조각 같은 영혼들을 품어 안고, 도움을 주시고, 다시 시작할 수 있도록 만드십니다. 항상 그렇게 하십니다. 진실로 이 사실을 우리 마음에 새기고 굳게 믿읍시다. 다시 넘어지지 않도록 새로운 은혜를 부어 우리를 세워가십니다. 그러나 교만(Pride), 즉 자기를 높이고 자기가 옳다 생각하는 것에 대해 주님은 항상 주의하라고 가르치십니다. 결코 교만의 문을 열지 말라고 외치십니다. 하나님 나라에는 실패자란 없다는 걸 꼭 기억합시다. 오직 자원하는 자와 그렇지 않은 자만 있을 뿐입니다. 나머지는 다 주님 손에 있습니다. 꼭 기억해야 할 것은 영혼의 기질이 전부를 결정한다는 사실입니다.

기꺼이 자원하는 영혼과 함께라면 주님께서 이루실 수 있는 일에 한계가 없습니다. 그런 영혼과 함께 그리고 통해서 한계 없는 일들을 이루실 수 있습니다. 기꺼이 자원하는 마음이 없는 영혼에게는 아무리 많은 은혜를 베풀어도, 방탕하게 사용할 뿐이고 쓸모없는 결과만 낼 뿐입니다. 아주 단순한 진리입니다.

지금은 연약함에 대해서 얘기하는 것이 아닙니다. 우리 모두는 연약함을 가지고 있습니다. 사고방식에 대해서 얘기하고 있습니다. '난 늘 이런 식으로 해왔어. 난 바꿀 생각이 없어. 그게 너를 위해서든, 하나님을 위해서든, 누구를 위해서든 그래.' 이런 사고방식이 바로 자기 자신을 지극히 높여놓은 결과들입니다. 이런 영혼들의 결국은 지옥이거나 천국의 바깥 경계부분 어두운 곳일 가능성이 있습니다. 이들의 믿음과 행함은 구원을 받기에는 충분할 수는 있지만, 마음을 다해 주님을 사랑한 것은 결코 아니기 때문입니다. 이런 부류는 항상 자기의 원하는 것을 했을 뿐입니다. 이런 사람들을 위해 주님께서 가지고 계셨던 크고 놀라운 일들에 대해 그들은 관심이 없었던 자들입니다. 실상 이 사람들은 자기 삶을 허비한 것이고 열매 없는 삶을 좇으며 살아가고 있는 것입니다.

이 글을 읽고 계신 당신이 바로 이런 부류의 사람이라면, 진지한 마음으로 자신의 내면을 보시길 권합니다. 주님께서 소리 높여 외치는 음성이 생각으로 전달될 것입니다. 구원마저 위태로운 상황으로 가고 있을 수도 있습니다. 어쩌면 이 기회가 마지막 기회일 수도 있습니다. 구원을 얻을 수 있는 마지막 기회가 될지 모릅니다. 주님을 위해 진심 어린 다짐과 당신의 삶을 주님께 드릴 수 있는 마지막 기회가 될지 모릅니다. 행여 다음 기회에 주님을 보신다면, 그건 위대한 백보좌 심판대 앞일 수 있습니다. 그때 꾸준히 당신을 향한 주님의 초대를 거절하고 주님의 은혜를 저버린 사람들이 가는 곳으로 가게 될 수 있습니다.

진실로 진실로 주님께서는 당신을 사랑하십니다. 당신을 위해 주님께서 바로 곁에 서 계십니다. 당신을 용서할 것입니다. 그러나 먼저 주님을 위해 살겠다는 결심을 해야만 합니다. 당신 자신을 위해 살아온 삶에 대해 이제 결심해야 합니다. 오늘 당신이 주님의 목소리를 듣는다면, 당신 마음을 완고하게 하지 마십시오.

　　방금 윗부분의 메시지는 진심으로 주님을 사랑하며 살아가는 사람들을 위한 것이 아닙니다. 그러니 두려워하지 마시고 괜한 죄책감에 괴로워하지 마시기 바랍니다. 이는 하나님을 정말로 대적하고 있는 사람들, 하나님과 협력하고 있지 않은 사람들을 위한 메시지입니다. 그리고 연약한 사람들을 위한 것도 아닙니다. 우리 모두는 연약한 점을 가지고 있고 넘어집니다. 넘어졌다면 툭툭 털고 단지 일어서면 됩니다. 방금 전 메시지는 주님과 주님의 뜻과 주님의 음성에 관심이 없는 사람들을 위한 메시지입니다. 이들은 자신들이 하고 싶은 것들만을 계속해서 하는 사람들입니다. 부디 주위의 그런 분들이 계시다면 마음을 다해 기도합시다. 만약 당신이 완고하거나 혹은 항상 자기 원하는 길로만 가는 삶을 살고 있거나 혹은 주님의 은혜를 일축해왔다면, 그게 바로 주님을 아프게 하고 공격한 것입니다. 부디 주님의 사랑의 손을 더 이상 외면하지 말아주시고, 자기 마음속에 높아진 것들을 내려놓고 하늘의 극상품 포도주가 부어질 수 있는 그릇이 되도록 간절히 기도합시다. 마음속 태도가 가장 중요합니다.

내 영의 고백

- 주님, 제가 진심으로 낮아지기를 원합니다. 제 마음속에 높아지고자 하는 죄악의 뿌리를 제하여 주옵시고 날마다 더 낮아지게 도와주옵소서.

판단이나 정죄로 하나님께 대적하기!

사랑하는 모습의 정반대의 모습이 판단하고 정죄하는 것입니다. 분명히 상대방에게 잘못이 있기 때문에 판단할 만하고 정죄할 만하다고 생각할 수 있습니다. 그러나 그것은 사랑하는 것이 아닙니다. 간음하다가 현장에서 잡힌 여인의 모습 앞에서 우리는 두 부류의 반응을 선택할 수 있습니다.

(요 8:4) 예수께 말하되 선생이여 이 여자가 간음하다가 현장에서 잡혔나이다

죄를 범한 것이 명백히 밝혀진 이 여인을 돌로 치려고 하는 바리새인의 모습. 그 모습 속에는 사랑이 없습니다. 그러나 유일하신 심판장이신 주님께서는 이 여인에게 이같이 말씀하십니다. (요 8:11) …… 예수께서 이르시되 나도 너를 정죄하지 아니하노니. 사랑의 하나님이 우리를 이같이 대하셨기 때문에 우리 모두가 구원을 얻었습니다. 그리고 우리에게 판단하거나 정죄하지 말라고 말씀하셨습니다. 사랑의 정반대편에 서지 말라고 하신 것입니다. 왜냐하면 그 편은 영원

한 참소자 사탄의 편이고, 반드시 심판받아 멸망할 수밖에 없는 편
이기 때문입니다.

> *(롬 2:1~2) 그러므로 남을 판단하는 사람아, 누구를 막론
> 하고 네가 핑계하지 못할 것은 남을 판단하는 것으로 네가
> 너를 정죄함이니 판단하는 네가 같은 일을 행함이니라 이
> 런 일을 행하는 자에게 하나님의 심판이 진리대로 되는 줄
> 우리가 아노라*

이 말씀의 앞부분 (롬 1:28~32)에는 심판받게 될 온갖 종류의 죄
악을 범하는 사람들의 열거가 나옵니다. 마음에 하나님 두기를 싫어
하는 자, 불의 추악 탐욕 악의가 가득한 자, 시기 살인 분쟁 사기 악독
이 가득한 자, 수군수군하는 자, 비방하는 자, 능욕하는 자, 교만한 자,
자랑하는 자, 악을 도모하는 자, 부모를 거역하는 자, 우매한 자, 배약
하는 자, 무정한 자, 무자비한 자이며 이들은 사형에 해당한다고 말씀
하십니다. 그리고 이어서 (롬2:1)의 '그러므로 남을 판단하는 사람아'
라고 결론 맺듯이 글을 이어갑니다. 성경의 장 절 구분은 신약성경이
쓰이고 난 후 1000년도 더 지나서 사용되었습니다. 그전에는 그냥 죽
읽어 내려가는 것이었습니다. 다시 말해서 앞에 열거한 모든 죄악 된
모습의 뿌리가 판단에서 비롯된다는 것을 의미합니다. 판단한 후에 수
군수군하고, 판단한 후에 비방하고, 판단을 통해 교만하고, 판단하고
악을 도모하고, 판단하고 자랑하고, 판단하고 무자비한 일을 행하는 것
입니다. 모든 죄악의 뿌리에 판단이 동작하고 있음을 알 수 있습니다.

> *(창 3:5) 너희가 그것을 먹는 날에는 너희 눈이 밝아져 하
> 나님과 같이 되어 선악을 알 줄 하나님이 아심이니라*

죄의 시작이 되었던 선악과 따먹는 사건. 모든 인간은 이렇게 스스로 옳다 그르다를 판단할 수 있다고 생각하고 판단하며 살기로 작정하고 살아가게 된 것입니다. 그 결과가 첫 인간에게도 죄로 정해졌듯이 지금도 모든 사람에게 죄로 정해지는 것입니다. 지금도 선악과를 날마다 입에 물고 판단하며 살아가는 우리의 모습이 이렇습니다. 판단으로 인해 죽음의 길이 열렸고, 지금 모든 사람이 판단으로 인해 죽음의 넓은 길로 가고 있습니다. 사람을 볼 때 돈이 많고 적은 것을 판단하고, 높은 자리인지 낮은 자리인지로 판단하고, 힘이 있는지 약한지를 판단하고, 사람들의 인정을 받는지 인정받지 못하는지로 판단하고, 지식이 많은지 그렇지 않은지로 판단하고, 똑똑한지 똑똑하지 못한지로 판단하고, 예쁜지 안 예쁜지로 판단하고, 키가 큰지 작은지로 판단하고, 옷을 잘 입었는지 못 입었는지로 판단하고, 믿음이 좋은지 그렇지 않은지로 판단하고, 기도를 많이 하는지 안 하는지로 판단하고, 술을 먹는지 안 먹는지로 판단합니다. 이런 판단은 너무도 빨라서 0.5초의 시선만으로도 판단하고 고개를 돌리곤 합니다. 그리고 이 같은 판단이 인이 박히듯이 박인 상태에서 모든 사람과 세상이 쫓아가는 쪽을 향해 자신의 인생을 전부 투자합니다. 즉, 더 많은 돈, 더 높은 자리, 더 영향력 있는 곳, 더 많은 지식, 더 예쁜 것을 향해 매진합니다. 이 모든 모습이 다 선악과를 여전히 입에 물고 판단하며 살아가는 모습입니다. 지금도 여전히 세상 임금인 사탄에 의해서 아담과 하와가 속았던 것처럼, 온 세상이 속아서 살아가고 있습니다. 모든 것이 사랑과 희생, 즉 자기 부인과 십자가와는 정반대 편에 있는 모습들입니다. 성경의 모든 가르침과 하나님의 본성 그 자체인 사랑과 희생. 그 하나님의 흔들리지 않는 뜻은 지금도 여전히 심각하게 외면당하고 조롱당하고 있는 것입니다. 이는 주님의 교회 안에서도 일반화된 모습입니다. 그러나 주님은 사랑에 대해 지치지 않으십니다. 그리고 우리에게 사랑을 가르치는 것에 결코 지치지 않으십니다.

사랑은 매우 다양한 방법으로 이루어집니다. 많은 사람들이 이 사실을 깨닫지 못하는 것 같습니다. 만약 누군가가 우리를 아프게 했을 때, 그를 용서하는 것이 사랑과 자비의 행위입니다. 그들을 비난하는 것은 사랑이 아닙니다. 그들의 잘못이나 결점을 눈감고 넘어가 주는 것이 사랑입니다. 정말 꼭 필요한 것이 아닌데 누군가를 바로잡으려고 하는 행위 또한 사랑이 아닙니다. 다른 사람의 잘못을 찾아내는 생각이나 말도 사랑이 아닙니다. 다른 사람을 깎아내리거나 창피하게 하는 것도 사랑이 아닙니다.

사랑은 다른 사람의 단점을 못 본 척 넘어가는 것입니다. 왜냐하면 주님의 신부는 다른 사람이 자신에게 있는 더 심각한 단점을 보았음에도 못 본 척 넘어가고 있다는 사실을 알기 때문입니다. 사랑은 짓밟힌 사람의 심정에 공감할 뿐, 그들에 대한 비난이나 고소를 하지 않습니다. 신부는 자신의 운명이나 상황이 바뀔 수 있을 뿐 아니라, 언젠가 바로 그 똑같은 자리에 있을 수 있다는 것을 알기 때문입니다. 사랑은 누군가가 넘어졌을 때 손가락질을 하지 않는 것입니다. 그 대신 자신도 그와 똑같은 곤경에 처할 수 있으며, 내일은 자기 차례가 될 수도 있다는 점을 내다봅니다.

날마다 사랑의 훈련을 받고 계신 주님의 신부 여러분, 누군가 넘어지는 것을 은근히 기뻐한다면, 우리는 사랑이 없는 것입니다. 우리를 오랫동안 가시처럼 찌르던 사람이 어려운 처지에 빠졌을 때, 우리가 겉모습을 잘 통제하려고 노력하지만, 속으로는 기뻐하고 있을 때, 그 내면을 주님은 정확히 꿰뚫어보고 계십니다. 끝내 죽음으로 치달을 사람들에 대해 속으로 고소하게 생각하지 않고, 진정한 관심을 보여줄 기회와 시간이 우리에게는 생각보다 많지 않습니다.

누군가 우리를 비판하거나 우리의 적이 되는 것은, 결코 견디기 쉬운 일이 아닙니다. 주님은 우리를 좋은 자녀로 키우기를 원하시지만, 하나님은 귀머거리나 장님, 혹은 멍청한 바보가 아니기에, 우리 마음에 숨겨진 생각을 언제든 읽어낼 수 있습니다. 그곳이 바로 주님께서 원하시는, 우리의 변화 지점입니다.

마음속 깊이 내려갑시다. 내면 깊고도 깊은 곳으로 내려갑시다. '지금 저 사람 때문에 기분이 몹시 안 좋네'라고 생각이 들 때 그런 표면적인 반응이 아니라, 그들의 어처구니없는 모습에 대해 마음속 깊은 곳으로부터 진실로 깊은 슬픔을 느낍시다. 이렇게 느끼기 위한 한 가지 방법은 그들을 진심으로 대하고, 돕는 손으로 그들을 대하며, 그들의 회복을 위해 기도하는 것입니다.

> *(롬 2:4) 혹 네가 하나님의 인자하심이 너를 인도하여 회개하게 하심을 알지 못하여 그의 인자하심과 용납하심과 길이 참으심이 풍성함을 멸시하느냐*

주님도 우리 안에 있는 교만(Pride)을 다루실 때 얼마나 고통스러움을 느끼시는지 우리는 알 필요가 있습니다. 사랑은 나를 보는 것이 아니라 다른 사람을 바라보는 것이고, 그들의 고통을 느끼는 것이며, 그들의 어깨에 있는 짐들이 풀어지기를 바라는 것 외에 다른 아무것도 바라지 않는 것입니다. 이 진리의 가르침은 더 깊어져서 변화를 이루고 그 흔적을 남겨야만 하기 때문에 할 수 없었던 것들을 시도해야 합니다. 판단과 관련해서 심각하게 다른 길로 가버린 우리를 위해 주님께서는 손을 뻗어 우리를 붙잡고 위로하고 변화시키시기를 원한 것이 얼마나 많은지 모릅니다. 그러나 주님은 거부하는 우리를 향해 더 이상 할 수 없었고, 진리의 가르침은 우리에게 먹혀들지 않았습니다. 그때 주님은 한발 뒤로 물러나, 시가이 걸리더라도 주님의 가르침이 우리의 마음에 새겨져서, 다시는 재발하지 않기를 바라고 계실 뿐입니다. 혹시 우리가 다음 기회엔 시험을 통과할지도 모르기 때문입니다. 이는 주님께도 아주아주 고통스러운 일입니다. 주님은 한발 뒤로 물러서서 시간과 상황을 허락하여 우리의 영혼을 씻어내시고, 진리의 가르침이 깊숙이 각인되도록 우리를 향한 책임을 다하고 계십니다.

만약 우리가 온전하다면, 만약 우리가 주님에게 꼭 맞는 신부라면, 우리의 마음은 주님 마음을 따라야만 합니다. 주님께서 근심하실 때 우리도 근심하고, 주님께서 사랑하실 때 우리도 사랑해야 합니다. 우리의 형제나 자매가 어려움에 처했을 때, 그들에 대해 반응하는 우리들의 태도만큼, 주님을 향한 우리의 사랑을 더 잘 보여주는 증거는 없습니다.

너그러움과 겸손, 이 두 가지가 우리 안에 판단과 사악함을 몰아
냅니다. 계속해서 다른 사람의 좋은 점을 보고, 동시에 우리 안의 단
점을 계속 볼 필요가 있습니다. 나의 단점과 상대방의 덕목, 이 두
가지는 위대한 균형을 이루는 빛입니다. 우리가 이런 자세로 마음을
단련함으로써 우리는 하나님 나라에 더 가까이 이르게 됩니다. 반대
로 우리가 나의 덕목을 자꾸 보고, 다른 사람의 결함을 자꾸 본다면,
어둠의 왕국이 우리에게 임할 것입니다. 이것들은 사탄의 계략들입
니다. 참소하는 자. 다른 사람을 폄하하고 자기 자신을 높이는 것.
우리가 이와 같이 생각하는 순간, 우리는 사탄이 하는 것과 같은 일
을 하고 있는 것입니다. 이 사실이 우리로 하여금 이런 유의 행동을
하는 것으로부터 멀리 도망가도록 하는 데 충분한 이유가 되어야만
합니다. 사악함이 우리 안에 들어오면, 어느 새 그 사악함을 즐기려
합니다. 그러나 덕은 더 큰 덕을 낳습니다.

(엡 4:2) 모든 겸손과 온유로 하고 오래 참음으로 사랑 가
운데서 서로 용납하고

우리가 다른 사람의 실수와 연약함을 감당할 수 없을 때, 우리도 심
각한 나락으로 떨어집니다. 또한 우리는 주님을 우리로부터 멀어지게
할 뿐 아니라, 심지어 우리들의 거룩한 성취에 대해서마저 주님이 반
대하도록 만들게 됩니다. 우리가 어떤 위대한 사역을 할 때, 마음 깊
은 곳에서 펄펄 끓는 질투심을 가지고 남들의 문제점들을 찾아내어
다른 사람들에게 퍼뜨리며 그 일을 할 때에, 진실로 그 일이 얼마만큼
이나 거룩한 성취가 되겠는지요? 이런 마음을 가지고 우리가 수행하

는 사역이나 일들 중에, 과연 어떤 것이 주님께 기쁨이 될 것이라고 생각하시는지요? 그렇습니다. 아무것도 주님께 기쁨이 되지 못합니다.

여전히 지극히 어리고 여린 우리들입니다. 온유합시다. 다른 사람을 영예롭게 대합시다. 지극히 작은 자에게 행한 것이 곧 주님에게 행한 것입니다. 왜냐하면 그 동기 자체가 사랑이기 때문입니다. 사랑의 동기가 아니라면, 우리가 무엇을 행하든지, 그것은 정화시키는 불 속에서 타버릴 것입니다. 얼마나 빈틈없고, 얼마나 잘 교육받고, 얼마나 깊게 연구했고, 얼마나 잘 처리되었는지는 중요하지 않습니다. 만약 사랑의 동기로서 이루어진 것이 아니라면, 그것은 불에 타 없어질 것입니다. 천국에서 우리는 주방 구석에서 밪치된 주부들이 보좌 앞에 많이 앉아 있는 대신, 유명한 전도자들은 아무런 보상도 없이 뜰 밖에 서성이고 있음을 보게 될 것입니다. 이것이 바로 사랑의 동기가 왜 그토록 중요한지를 설명해줄 것입니다. 여인네들이 행했던 일의 첫 번째 동기는 주님을 사랑하는 것과, 동시에 자기 형제들을 보살피는 것입니다. 유명인사들의 동기는 자존심, 영향력, 유명세, 자기 증명 욕구, 혹은 다른 사람을 훈시하려는 태도 혹은 경쟁심 등입니다. 이러한 속성은 주님과 천국에 있는 시민들에게는 혐오스러운 것들입니다. 그들이 얼마나 숭고한 발견을 했느냐는 중요한 것이 아닙니다. 만약 그릇이 오염되어 있다면, 그러한 숭고한 발견들도 그들에게 결코 '의'로 카운트되지 않는다는 것입니다.

이러한 것을, 마지막 때에 가서 깨닫는 것이 아니라, 지금 여기서 깨닫는 것이 우리에게 얼마나 다행인지 모릅니다. 만약 우리가 회개하면, 모든 죄가 씻길 뿐 아니라 기억조차 되지 않을 것입니다. 그리고 그러한 영향 아래서 행해진 행위들은 천국에 이르지 못할 것입니다. 그러나 사랑의 동기로 행하게 될 우리의 새로운 노력들은 천국에 이르게 될 것입니다.

천국에서 사람들의 행위를 어떻게 판단하는지를 이해하는 것은 아무리 강조해도 부족함이 없습니다. 라이벌 의식과 경쟁이 거할 공간은 천국 그 어디에도 없습니다. 자기 자신을 주변의 형제들보다 결코 나은 것이 없다고 생각하는 자들에게 면류관이 주어질 것입니다. 그러한 영혼은 언제나 말석에 앉기를 좋아하는 자요, 자신의 모습은 그림자 뒤에 감추고, 다른 사람을 추켜세우는 자들입니다. 라이벌 의식은 아주 혐오스러운 것입니다.

우리 안의 누룩을 봅시다. 주님께서 도우실 것입니다. 주님도 은폐된 우리의 이런 태도들 때문에 실망하십니다. 주님께서 우리에게 풍성하게 은혜를 베풀수록, 우리는 더 작은 자가 되어야만 합니다. 그렇지 않으면 주님께서 더 이상 우리를 신뢰할 수 없게 됩니다. 더 나아가 우리가 가진 것들이 동작해서 우리를 나락으로 떨어뜨릴 것입니다. 우리는 우리 마음속에 높아진 것을 주님께 고백하고, 더 이상 이 죄의 어떤 것도 범하지 않도록 도움을 청합시다. 우리 자신을 극복할 수 있도록 간절히 청합시다.

주님 안에서 낮아지기를 기꺼이 바라는 사랑스러운 신부 여러분. 이것이 바로 이 땅에서 우리가 걸어왔고 걸어가야 할 순례의 여정의 전부입니다. 이제 마지막 결승점에 도달하고 있습니다. 최종 테스트는 이와 같습니다. 우리가 주님을 얼마나 진정으로 사랑했는지, 우리 속에 주님의 생각이 얼마나 깊이 뿌리내렸는지, 얼마나 온전하게 다른 이들을 사랑했는지입니다. 이런 모습은 이런 생각들로 표현됩니다. 우리가 다른 사람들이 낮아지는 것을 정말로 보고 싶어 하지 않는 것, 오히려 항상 그들이 더 나아지기를 바라는 것, 나는 같은 수준에 머물러 있으면서도 그들의 발전함을 보며 기쁨을 느끼는 것입니다. 이런 것들은 힘든 시험들입니다. 그러나 매우 필수적이며, 만약 우리가 육신의 생각을 극복하고자 한다면 이 모든 것들은 반드시 통과해야만 합니다.

(빌 3:12) 내가 이미 얻었다 함도 아니요 온전히 이루었다 함도 아니라 오직 내가 그리스도 예수께 잡힌 바 된 그것을 <u>잡으려고 달려가노라</u>

언젠가 우리는 이 지점에 도달하게 될 것입니다. 반드시 언젠가 도달합니다. 너무 늦지 않게 그 지점에 도달할 수 있도록 우리 함께 기도합시다. 그리고 이것은 우리에게 달렸습니다. 은혜의 날개가 우리를 기다리고 있습니다. 필요한 모든 것은 고치겠다는 굳건한 목적의식을 갖는 것과 자비롭지 못한 모든 것을 버리는 것입니다.

우리들 모두는 불안정하며, 우리 모두는 확고해져야만 한다는 것을 느끼고 있습니다. 우리들 중에 많은 사람들이 어린 시절에 손상을 많이 입었습니다. 이런 손상이 우리들로 하여금 스스로를 통제할 수 있게 하는 데까지 많은 시간을 보내게 했습니다. 많은 사람들이 어린이 시절에 심하게 훼손당해서, 그 훼손을 복구하는 과정이 훨씬 더 힘들기도 합니다. 이러한 사실이 우리를 낮추고 다른 사람을 높이는 것이라고 생각하지는 마십시오. 왜냐하면, 어느 누구도 주님께서 십자가에서 흘리신 피의 가치보다 더 높은 가치를 가진 사람은 없기 때문입니다. 어떤 형편과 어떤 모습에 있는 사람이든지, 자신의 죄인 됨을 진심으로 깨닫고 주님 앞에 엎드릴 때 주의 보혈로 인해 그는 지극히 존귀하게 여김을 받는 하늘의 놀라운 존재로 변화되었다는 것을 이해해야만 합니다. 그렇기 때문에 주님이 흘린 피의 가치로 인해 어느 누구든지 하늘의 놀라운 존재로서 존귀하게 여김을 받을 자격을 가지고 있습니다. 즉, 사람의 존귀함을 볼 때 주님의 보혈을 통해 그 존귀함을 보아야 합니다. 만약 세상이 판단하는 대로 우리도 판단한다면, 그것이 우리의 가치 기준이 되는 것입니다. 우리 중 누구도 다른 사람들보다 더 많이 사랑받은 자는 없습니다. 주님은 우리 한 사람 한 사람을 사랑하십니다. 그리고 주님께서 우리를 그렇게 되도록 창조한 모습으로 우리가 된 것을 주님은 보십니다. 자기 삶의 자리에서 믿음으로 승리하는 영혼을 주님께서 보실 때 정말로 많은 기쁨을 받습니다. 그러나 주님께서 그것만 사랑하시는 것이 아닙니다. 주님은 승리의 분량 못지않게 우리의 실패들까지도 사랑하십니다. 다만 삶에서 우리들이 선택한 어리석은 것들이 주님을 슬프게 할 뿐입니다. 그것이 진실로 주님을 근심하게 합니다. 여기에 추한 것을 선한 것으로 바꾸시는 주님의 기이한 은혜와 능력이 있습니다.

주님께서 우리에게 원하시는 것은 더 깊게 보고, 주님의 거울을 통해 보라는 것입니다. 오직 주님에게서만 인정받는 것을 사모합시다. 우리 자신을 다른 누구와도 비교하지 맙시다. 이는 우리가 덕을 쌓아가는 길에서 돌이키게 하려는 사탄의 전략입니다. 성령님께서 이 병든 부분을 드러내도록 허락하고, 주님의 사랑이 우리를 치유할 수 있도록 허락합시다. 판단대신 너그러움과 겸손과 사랑을 영혼 깊은 곳에 간직하고 마음속에서 새싹이 돋아나게 합시다. 주님께서 머지않아 우리를 천국으로 인도하실 것입니다. 이런 것들이 우리의 결혼 예복에 묻어 있는 마지막 얼룩들입니다. 진실로 우리를 사랑하시고, 우리와 함께 그리고 우리를 위해 일하시는 주님을 바라봅시다. 주님께서 우리를 도울 수 있도록 기꺼이 주님을 신뢰합시다. 부디 자기 혼자의 힘으로 이것을 행하려 하지 맙시다. 이 순간 이 은혜를 부으시어 주님 앞에 온전히 설 수 있기를 기도드립니다.

내 영의 고백

- 주여, 제가 판단하지 않고 살아가는 방법을 아예 모릅니다. 부디 판단하는 마음의 뿌리를 다스려 주옵시고, 항상 너그러움과 겸손이 넘치게 하옵소서.

세상과 자기를 사랑한다는 것

우리 모두는 이 세상에 목적을 가지고 태어났습니다. 우리 각 사람은 다른 사람이 갖지 못한 자기만의 재능과 특성을 타고났습니다. 우리는 진실로 그 누구도 서로 완전히 동일하지 않다는 것을 조금만 관찰해도 알 수 있습니다. 이처럼 모든 사람이 각자 다르다는 것이 주님 보시기에 얼마나 기쁘고 아름다운지 모릅니다. 그리고 우리가 각자의 능력으로 서로의 필요를 채워줌으로써 하나가 될 때 주님은 얼마나 기뻐하실지 우리는 상상할 수 없습니다.

(고후 8:13~15) 이는 다른 사람들은 평안하게 하고 너희는 곤고하게 하려는 것이 아니요 균등하게 하려 함이니 이제 너희의 넉넉한 것으로 그들의 부족한 것을 보충함은 후에 그들의 넉넉한 것으로 너희의 부족한 것을 보충하여 균등하게 하려 함이라 기록된 것같이 많이 거둔 자도 남지 아니하였고 적게 거둔 자도 모자라지 아니하였느니라

이 세상은 매우 고독한 곳입니다. 이 고독한 곳에서 우리가 주님에게 속해 있다는 증거의 일부는 우리가 어느 곳에서든지 우리가 할 수 있는 선한 일, 즉 사람들을 따뜻하게 품는 일을 하는 것입니다. 이를 통해 모든 사람이 우리가 주님께 속해 있다는 것을 알게 될 것입니다. 주님께서 그 누구도 포기하지 않는다는 것을 우리의 선행으로 말하고, 우리도 그 어떤 사람도 포기하지 않고 주님과 같이 행할 때, 이로써 우리가 옳음을 드러내는 것입니다.

주님은 우리 주변에 우리가 만날 수 있을 만한 사람들을 두셨습니다. 각 사람을 향한 하늘의 배치입니다. 하지만 우리 사회는 너무나 개인적인 이해관계에만 빠져 있습니다. 우리가 우리 주변의 사람들에게 필요한 것이 무엇인가를 주님께 묻고 주의 영의 음성을 아주 세밀하게 듣지 않는 한, 우리도 이 같은 개인적인 이해관계라는 딱딱한 벽을 걷어내지 못하게 됩니다.

이것은 남을 위하는 마음과 순종, 그리고 인내에 관한 훈련입니다. 우리의 개인적인 이익에서 눈을 돌려 다른 사람들의 필요를 채우기 위해 시간을 내는 것은 주님을 따르는 제자들의 특성 중 하나입니다. 이 세상이 복잡해 보이지만, 오직 돈만을 위해 그리고 오직 자기 자신만을 위한 얄팍함 그 자체입니다. 이 세상에 대한 단순한 진리입니다. 그리고 사람들을 고립시키기 위한 원수의 음모가 얼마나 교활한지 모릅니다. 그렇습니다. 사탄은 약하고 외로운 사람들을 고립시키기 위한 조종에 매우 능합니다. 원수들은 그런 외로운 자들을 소망이 없다고 느끼게 만들어서, 그들을 주님으로부터 분리시키고 집어삼켜 먹어치웁니다. 하지만 '네 이웃을 네 몸과 같이 사랑하라'는 기록된 말씀대로, 형제에 대한 사랑과 애틋한 마음으로 인하여 우리가 그들의 필요를 충족시켜 주려고 한다면 우리는 주님을 대신하여 행동 그 이상의 일을 하고 있는 것입니다.

> *(마 25:31∼32) 인자가 자기 영광으로 모든 천사와 함께 올 때에 자기 영광의 보좌에 앉으리니 모든 민족을 그 앞에 모으고 각각 구분하기를 목자가 양과 염소를 구분하는 것같이 하여*

양과 염소의 차이점을 알고 계시는지요? 염소는 매우 공격적입니다. 염소들은 음식 앞에서 매우 공격적이라, 할 수만 있다면 양을 머리로 들이받을 것입니다. 염소들은 매우 공격적이지만 양들은 온순하여 주저하며 쉽게 뒤로 물러나는 경향이 있습니다.

> *(마 25:33∼40) <u>양은 그 오른편에 염소는 왼편에 두리라</u> 그 때에 임금이 그 오른편에 있는 자들에게 이르시되 내 아버지께 복 받을 자들이여 나아와 창세로부터 너희를 위하여 예비된 나라를 상속받으라 내가 주릴 때에 너희가 먹을 것을 주었고 목마를 때에 마시게 하였고 나그네 되었을 때에 영접하였고 헐벗었을 때에 옷을 입혔고 병들었을 때에 돌보았고 옥에 갇혔을 때에 와서 보았느니라 이에 의인들이 대답하여 이르되 주여 우리가 어느 때에 주께서 주리신 것을 보고 음식을 대접하였으며 목마르신 것을 보고 마시게 하였나이까 어느 때에 나그네 되신 것을 보고 영접하였으며 헐벗으신 것을 보고 옷 입혔나이까 어느 때에 병드신 것이나 옥에 갇히신 것을 보고 가서 뵈었나이까 하리니 임금이 대답하여 이르시되 내가 진실로 너희에게 이르노니 너희가 여기 내 형제 중에 지극히 작은 자 하나에게 한 것이 곧 내게 한 것이니라 하시고*

우리 주변에 있는 사람들의 상태를 돌아봅시다. 그들이 우리 형제든 자매든, 어머니든 아버지든, 이웃이든 학교친구이든지 간에 말입니다. 주님은 우리가 우리 방식을 벗어나 그들에게 착한 일(선을 행함)을 하기를 바라십니다. 지금 이 순간 우리는 천국에서 우리가 어떻게 보일 것인가에 대해 거의 모를 것입니다. 천국에서 우리 모든 행위 중에 자기 이익을 추구하는 동기에서 한 것은 옷이 벗겨지듯이 사라질 것입니다. 그 때 우리에게 남는 것은 오직 형제에 대한 사랑과 다른 사람을 생각해서 한 행위뿐입니다. 여러분이 방금 읽은 글을 잠시만 아주 생생하게 그려보시겠습니까? 절대적인 필요에 의한 것이 아닌, 나 자신과 나 자신의 욕망을 위해서 행한 모든 일은 진실로 우리로부터 다 제거될 것입니다. 그 모든 일의 유익들은 그렇게 사라질 것입니다. 이것이 혼인집 손님이 잔치에서 쫓겨나는 이유입니다. 간략히 말해 그 사람들은 자기 자신을 위해 살았으며 변명의 여지가 없다는 말입니다. (마 22:12~13) 이르되 친구여 어찌하여 <u>예복을 입지 않고</u> 여기 들어왔느냐 하니 그가 아무 말도 못 하거늘 임금이 사환들에게 말하되 그 손발을 묶어 바깥 어두운 데에 내던지라 거기서 슬피 울며 이를 갈게 되리라 하니라. (계 19:8) 그에게 빛나고 깨끗한 세마포 옷을 입도록 허락하셨으니 <u>이 세마포 옷은 성도들의 옳은 행실이로다</u> 하더라.

지금 저는 행위로 인해 의롭다 함을 받는 것에 대해 얘기하는 것이 아닙니다. 구원이나 칭의를 말하는 것이 아닙니다. 구원은 십자가 죄 사함에 대한 믿음에 의해 달려 있습니다. 여기서 말씀드린 것은 천국의 서열과 지위와 상급에 관해서 말씀드리는 것입니다. 천국에는 많은 층과 차원이 있습니다. 구원은 받았지만 세상에서 한 선한 일이 아무것도 없는 사람들을 위해 마련된 곳도 있습니다. 이것은 성경이 말한바 그대로이고, 사람의 생각으로 봐도 당연한 논리가 아니겠는지요? 이것은 진실로 하나님의 정의이고 공의입니다. 우리가 주님을 더 닮을수록, 우리는 주님의 영광 보좌에 더 가까이 나아갈 수 있을 것입니다.

우리 삶에서 이기심을 목격하는 것은 처음에는 매우 고통스러울 것입니다. 이것은 우리가 피하거나 숨을 수 있는 성질의 것이 아닙니다. 이는 천국에서 모두에게 아주 명백해질 것입니다. 누구든지 자신만을 위해 산 사람들은 자신들의 벌거벗음을 보지 못하고 있습니다. 그래서 이 사실을 깨닫게 되면 그 사람에게는 매우 충격적일 것입니다. 우리가 삶에서 선행하는 좋은 습관을 쌓아간다면, 우리는 자신들의 벌거벗음에 대해 소경 된 사람들의 상태를 고발하는 것입니다. 우리가 더 오래 고통을 참으며 관대하게 자비를 베풀수록, 사람들은 더욱더 마음에 찔림을 받게 될 것입니다. 주님은 여러 번 우리에게 스스로의 마음에 찔림을 받을 수 있는 기회들을 허락하셨기 때문에 우리는 이 말이 무슨 뜻인지 이해할 것입니다.

세상은 뒤죽박죽입니다. 사람들로부터 칭찬을 받을수록 이는 천국에서 수치가 됩니다. 하지만 다른 사람들을 위하여 시간과 에너지를 쓰는 일, 마치 세상의 눈으로 볼 때는 시간과 에너지를 낭비한 것처럼 보이는 일들이 천국에서는 칭찬을 받게 될 것입니다. 인간의 양심은 끔찍하게 변형되어 있습니다. 그래서 부적절하게 성장해온 사람들이 선과 악을 구별하기 위해서는 오직 주님의 은혜를 통해서만 가능하게 되었습니다.

우리는 주님의 피조물 중에서 가장 정교한 존재들입니다. 우리가 주님을 더 닮을수록, 천국에서의 우리의 상급이 클 것입니다. 주님은 우리에게 지적인 능력, 이성, 그리고 자유의지를 주셨습니다. 우리가 다른 사람들에 더 관심을 가질수록 지금이나 다가올 시기에, 우리에 대한 주님의 관심과 상급이 더 클 것입니다. 그 재능들을 가지고 앞으로 나아갑시다. 마지막까지 승리를 위해 달리는 사람들을 위해 하늘의 면류관이 기다리고 있습니다. 우리에게 주어진 오늘이란 시간을 최대한 활용합시다.

진실로 근심해야 할 부분이 있습니다. 주님을 알고 있고, 주님께서 자신에게 하라고 한 것들을 알고 있지만, 자기 육신과 자기 의지를 따라갔던 사람들은 근심해야 할 것입니다. 가난한 자들을 섬길 시간이나 돈을 가지지 못했으나 자기 자신의 안락함과 값싼 액세서리 같은 것을 위하여 돈을 쓰기 위해 뒤에 챙기고 있는 사람들은 근심해야 할 것입니다.

주님의 슬픔과 눈물로 함께 아파하며 권합니다. 주님 자녀들 중의 일부는 여러 해 동안 크리스천이었지만, 여전히 자신들이 걸어가고 있는 길에서 장난을 치듯 하고 있습니다. 자신이 벼랑 끝에 있다는 느낌을 받곤 합니다. 그리고 주님의 자비가 자신들의 느슨함을 덮을 것이라고도 생각합니다. 아닙니다. 주님의 자녀 여러분, 주님의 자비는 주님을 밀쳐놓은 자들을 위해 존재하는 것이 아닙니다. 주님의 자비는 주님을 결코 알지 못하는 잃어버린 자들을 위해 존재하는 것입니다. 주님의 자비는 너무나 연약해서 한 발짝 한 발짝마다 쓰러지기 쉬운 그런 자들을 위해 존재하는 것입니다. 장성했고 강건한 양이지만 여전히 주님을 위해 시간을 내지 않는 그런 양들, 그런 자들은 주님께서 오실 때 하늘로 올려지지 못하고 이 땅에 남게 될 것입니다. 그리고 그런 자들은 너그러운 성품이 온전해지고, 주님 앞에서 정직하고 헌신적으로 변화될 때까지 연단을 받을 것입니다. 이런 자들을 위해, 이 같은 선택이 그들 앞에 놓여 있는 것입니다. 이런 사람들 중에 많은 수가 매우 큰 은혜를 받았습니다. 그러나 그 은혜들을 이기적으로 사용했습니다. 부를 축적하고, 인기를 얻고, 영향력을 얻기 위해 사용했습니다. 혹은 이 은혜들을 가지고 세상으로 나아가 왕과 같이 사는 데 사용했습니다.

저를 포함해서 부유한 주님의 일꾼들에게 형제 사랑의 마음으로 권합니다. 만약 우리의 마음을 진심으로 주님 손에 맡겼고, 주님 뜻에 순종하기 위해 우리의 최선을 다했다면, 우리는 주님께서 다시 오실 때 하늘로 들림을 받을 것입니다. 부유함이나 재산이나 권력과 같은 것들은 그 자격판단 기준이 되지 않을 것입니다. 그보다는 미지근한 심장이 자격 판단의 기준이 될 것입니다. 주님께서 우리를 위해 고난받고 죽었다는 것에 대한 깊이가 없는 마음이 미지근한 심장이고, 주님께서 우리를 불러 주님을 위해 희생하라는 부르심에 대해 깊이 생각하는 마음이 없는 심장이 미지근한 심장인 것입니다. 이러한 심장은 '젊은 부자 관원'의 비유에서 잘 드러났습니다. '하지만 제가 많은 재물을 가졌습니다.' 이와 같은 사람들을 주님은 아파하고 계십니다. 젊은 부자 관원과 같은 사람은 진실로 가난한 사람입니다. 왜냐하면 주님을 가지지 못했기 때문입니다.

바로 이런 모습이 우리에게 있다면 우리가 진심으로 근심해야 할 사람들입니다. 주님은 그런 우리를 수도 없이 많이 부르셨습니다. 자기를 부인하고 십자가를 지고 주님을 따를 수 있는 충분한 기회를 주셨습니다. 하지만 우리는 사람들에게서 받는 인기에 자신을 완전히 팔았습니다. 이런 이유 때문에 휴거 때 이 땅에 남게 될 것입니다.

마지막 순간에 구원을 받는 자들, 만약 자신의 고집스러운 거부를 부러뜨리고, 주님을 밀치던 마음을 돌이키고, 자신의 삶에 주님의 왕 되심을 받아들인다면, 만약 이 같은 회개를 마음 중심에서 철저히 행한다면, 주님은 하늘로 옮기실 것입니다.

주님은 자비로우십니다. 때때로 우리는 어리석은 실수를 저지릅니다. 왜냐하면 우리는 여전히 어린아이이고 어른과 같이 보거나 생각하지 못하기 때문입니다. 우리는 세상을 단지 캔디가 가득 담긴 항아리로 봅니다. 모두 각각 다른 캔디이고 흥미를 끄는 캔디로 봅니다. 그 속에 담겨 있는 어두운 점들을 보지 못합니다. 물론 원수가 눈을 어둡게 해서 진리를 보지 못하게 합니다. 우리에게 주어진 진리의 순간들을 최대한 활용하여, 진리 안으로 들어갑시다.

주님은 우리가 우리의 길들을 들여다보길 원하십니다. 우리가 진실로 주님을 위하여 살아오고 있는지 자문하길 원하십니다. 주님의 부름에 응답하며 걸어가고 있는지요? 아니면 자신의 안락함을 따라 살아가고 있는지요? 우리는 주님을 위해 죽을 수 있을 만큼 주님을 가치 있게 생각하는지요? 아니면 계속해서 주님을 외면하고 떠나서 우리의 안락함을 보호하며 갈 것인지요? 모든 것이 무너지는 때가 이를 것입니다. 그 때에 모든 보호하던 안전망이 사라지고 자기의 안락함을 추구하던 사람들은 밀려날 것입니다. 그 때가 지금 문 앞에 도달해 있다는 것을 우리 깨달읍시다. 세상과 자기를 사랑하며 살아간 사람들의 영생이 지금 벼랑 끝에 아슬아슬하게 매달려 있습니다.

명목상으로 크리스천이 되는 것이 자신을 지옥으로부터 구원할 것이라고 생각하시는지요? 진심으로 권하는데 다시 생각하시기 바랍니다. 하나님은 업신여김을 받지 않습니다. 주님은 조롱받지 않을 것입니다. 우리가 뜨겁든지 차갑든지 하라고 주님은 말씀하십니다. 미지근한 믿음은 대환란의 시기에 불 가운데서 연단을 받을 것입니다. 그 연단의 시간 동안 자신의 자녀들과, 가족들과, 직업들과, 목숨보다도 주님을 사랑하고 주님께 집착하는 경우에만, 구원을 받게 될 것입니다.

> *(마 10:37) 아버지나 어머니를 나보다 더 사랑하는 자는 내게 합당하지 아니하고 아들이나 딸을 나보다 더 사랑하는 자도 내게 합당하지 아니하며*

우리 삶 속에는 함정들이 놓여 있습니다. 주님은 우리가 이 함정들을 보고 잘 피해 가기를 원하십니다. 피해 가는 그 길은 평안입니다. 우리의 마음은 많은 염려와 기대, 이곳저곳에 묶인 여러 매듭을 가지고 있습니다. 주님은 우리가 주님의 품 안에서 쉬며 평화를 누리길 원하십니다. 그러나 가끔 우리는 어떻게 해야 할지를 모를 때가 있습니다. 뭔가 긴급한 일들이 벌어질 때 더욱 그렇습니다. 그런 상황 중에서도 주님은 우리를 팔로 안고 우리가 깊은 안도의 숨을 쉬도록 초청하시며, 주님 안에서부터 평화가 강같이 흘러나오며, 우리는 우리 마음속에서 그 평화를 발견할 수 있도록 인도하십니다. 주님의 평화가 강물처럼 흘러 우리 속에서 자리를 잡을 때, 우리는 그 평화를 다른 사람들에게 전해줄 수 있습니다. 이는 우리가 이웃을 위해 뭔가를 하려고 하기 전에, 주님의 깊은 품속으로 들어가는 시간이 주님과 우리에게 매우 중요한 이유입니다.

이 평화와 고요함은 주님에게서 오는 것입니다. 우리는 매일 이런 수준의 평화를 우리 마음속에서 지켜야만 합니다. 우리가 평화를 나눠 주는 사역을 하도록 주님은 우리를 사용할 것이기 때문입니다. 많은 믿음의 형제들이 세상의 근심으로 가득 차 있습니다. 우리의 사랑과 믿음을 이탈하게 만드는 원수의 능력을 과소평가해서는 안 됩니다. 정말로 세상의 이런저런 일로 인해 걱정과 염려로 가득 차 의심과 공포로 전전긍긍할 때가 있습니다. 우리는 진실로 우리의 마음과 정신을 보호해야 합니다. 우리가 보는 것, 우리가 듣는 것에서부터 말입니다. 인터넷에는 너무나 많은 사람들, 특히 크리스천들이 세상에 다가올 위협에 대해 이야기하고 있습니다. 그러나 주님의 백성들은 주님을 찾으며 평화를 찾아야만 합니다. 우리가 나누는 말들은 주님 안에서 평화를 찾는 통로가 되어야 합니다. 진실로 주님은 우리들의 피난처이십니다. 주님께로 가서 주님의 그늘 아래 거하며,

안식을 누려야 합니다.

우리는 주님과 우아한 춤을 추며, 찬양과 함께 주님을 경배하며, 주님과 함께 우리 마음 안의 은밀한 장소로 가는 것이 우리가 평화를 누리는 가장 빠른 길이라는 것을 발견해야 합니다. 그분과 춤을 추며 그분의 팔 안에서 쉬는 것이 평안과 차분해질 수 있는 가장 빠른 방법입니다. 그리고 보아스가 룻을 덮어주듯이 주님께서 우리를 덮으시고 보호하시는 것, 그분의 리더십에 확신을 가져야 합니다. 우리는 세상에 관한 모든 관심을 접고 오직 주님과 그분의 온유함, 그분의 능력만을 바라보아야 합니다. 신부가 신랑과 함께 연합함으로 깊이깊이 강건해질 수 있는 것이며, 이는 우리가 살고 있는 지금 시기의 이 세상에서 필수입니다. 기도 가운데 주님과 함께 춤을 추는 것이 매우 매우 중요합니다. 이는 주님과의 친밀함을 가져다주며, 차분해지며 평안하고 안전할 수 있는 곳으로 우리를 인도합니다. 이러한 시간을 통해 우리는 아주 강건해질 수 있습니다.

> *(엡 6:10) 끝으로 너희가 <u>주 안에서</u>와 그 힘의 능력으로 강건하여지고*

사람들은 너무 많은 것들에 얽매여 괴로워하고 있습니다. 결정과 결정의 연속, 두려움, 걱정, 등등. 주님께서 사람들의 이런 모습으로 인해 고난을 받는다고 생각하시지는 않는지요? 매일 새로운 일들이 벌어지는 이 시대에 사람들이 이러한 모든 고통에서 자유로울 것이라고 주님은 약속하시진 않으십니다. 하지만 주님께서 약속하신 것은 주님의 신부들이 마지막 때 주님의 진노를 피하며 그런 환란이 발생하기 전에 들림을 받을 것이라는 것입니다. 우리 중 신실한 주님의 신부들도 가끔 이것저것으로 인해 세상의 일에 묶인다는 것을 압니다. 이는 매우 복잡한 것입니다. 가끔 우리는 그런 거미줄에서 벗어나 주님과 함께 있기 위해 싸워야 할 때가 있습니다. 그러나 이 싸움에 대한 실체를 알지 못하는 많은 사람들은, 정말로 많고 많고 많은 주님의 신부들이 자신의 시간을 빼앗아가는 만사로부터 삶을 단순화시키지 못하고 있고, 세상일을 잘라버리지 못하고 있습니다. 진실로 주님은 주님의 신부들이 마치 지금 천국에 있는 것처럼 살기를 바라십니다. 그렇습니다. 해야 하는 일들이 많이 있습니다. 하지만 하나하나를 잘 평가하고 판단해보기를 주님은 바라십니다. 그렇게 하는 사람들은 주님이 기뻐하시는 길을 찾을 것이며 세상일을 정리하여 절반 정도로 줄일 수 있을 것입니다.

너무나 많은 일들이 가게에 물건을 사러 가는 것처럼 당연한 것으로 간주되고 있습니다. 거기서 우리는 무엇을 경험하는지 우리는 잘 알고 있습니다. 물건을 사고 또 사고 또 삽니다. 먹고 또 먹고 또 먹습니다. 상점은 주님께서 우리 각자에게 묵상과 기도시간에 전달해주는 깊은 평안을 쪼개고 파괴시키기에 좋은 곳입니다.

세상에 얽매이는 것에 대해 좀 더 이야기해보겠습니다. 겉보기에 해가 되지 않을 것 같은 TV쇼를 보고, 상점을 방문하고, 음식점과 술집을 다니고, 잡지를 보고, 스마트폰의 이것저것을 둘러보고……, 이 모든 것은 우리 머릿속에 자리 잡아 우리의 평안을 박탈해가는 것들입니다. 정결한 마음과 정결한 심령을 가지는 것은 너무나 중요합니다. 마음이 다룰 수 있는 것은 한정되어 있고 그 마음이 세속화되면 이는 결국 주님의 임재의 자리마저 차지하고 맙니다. 마음을 혼란케 하여 결국 주님이 있을 자리가 없어집니다.

우리의 관심사를 모두 없애고 세상과의 교류를 전면적으로 차단하라는 뜻이 아닙니다. 단순하고 순결한 일에 관심을 가지고 그 안에서 안식을 취하라는 뜻입니다. 사람들 대부분의 시간은 자기 몸과 자기 자신의 이런저런 욕구들을 채우는 데 사용됩니다. 단순하고 순결한 일 이란 오직 주님의 깊은 곳을 사모하고 도움이 필요한 이웃들의 필요를 채우고 돌보는 일, 그리고 몸을 유지하는 데 꼭 필요한 것을 하고 들판을 걷거나, 나무의 새순을 바라보고, 푸른 잔디를 보면서 장난기 있는 고양이나 강아지와 있는 일과 같은 것입니다. 그리고 먼 장래 일에 대해 염려하지 않는 것입니다. 이것도 하고 저것도 해야지 하면서 동분서주하지 않는 것입니다.

이 모든 것은 우리를 피곤케 하며 우리의 영적인 평화를 고갈시키기 위한 원수들의 전략입니다. 사탄이 세상의 임금이라는 사실을 우리는 잊어서는 안 됩니다. 그리고 원수들의 목적은 우리를 주님의 길에서 벗어나게 하고 그들이 원하는 쪽으로 끌고 가는 것, 오직 그 하나뿐입니다. 자주 상점이나 음식점에 가게 하거나 인터넷에서 쇼핑을 하도록 하게 만듭니다. 집에 빚과 물건이 가득함에도 불구하고 새 상품을 보면 그것이 마음속을 떠나지 않아서 결국 사고 마는 쇼핑 중독에 걸린 사람들은 물론이고 소소하지만 필요하다고 생각하여 끊임없이 뭔가를 사고 또 사는 것으로 시간을 허비하는 사람들도

다 이러한 원수들의 덫을 전혀 눈치채지 못하고 있을 뿐입니다. 이는 영적인 삶에 매우 매우 매우 유해한 것입니다.

'마음을 다하고 목숨을 다하고 뜻을 다하고 힘을 다하여 주 너의 하나님을 사랑하라'는 것은 액면 그대로의 주님의 뜻입니다. 지금처럼 세상의 이것저것에 마음을 빼앗긴 채로 살아가면서 종교화된 교인으로 살아가는 사람들에게도 이 말씀은 변치 않는 주님의 간절한 외침입니다. 사람들은 성경이 말하는 세상에 대한 의미와 앞서 열거한 일들의 의미가 같다는 사실을 알아차리지 못하고 그저 해야 할 일들이고 순수한 것이라고 생각합니다. 하지만 사탄은 잘 알고 있습니다. 그래서 악마들을 시켜 사람들이 했어야만 하는 일들에 대해 죄책감을 느끼도록 합니다. '상식대로 살아라, 세상 사람들이 다 그렇게 살잖아, 너는 책임감이 없어, 너는 이걸 그전에 했어야 해, 작년에 말이지', 이런 식으로 말입니다. 주님은 사람들의 마음이 그런 것에 있기를 원치 않으십니다. 주님은 우리의 마음 또한 그런 것에 있는 것을 원치 않으십니다.

(요일 2:15) 이 세상이나 세상에 있는 것들을 사랑하지 말라 누구든지 세상을 사랑하면 아버지의 사랑이 그 안에 있지 아니하니

주님은 모든 사람이 천국과 주님의 다시 오심에 초점을 맞추기를 원하십니다. 어리석은 처녀들의 문제 중 일부는 그들이 세상에 너무 도취되어 등불에 쓸 기름을 준비하지 않았다는 것입니다. 그러나 지혜로운 다섯 처녀는 마리아처럼 주님을 기다리고 기다리고 또 기다렸습니다. 그들은 주님을 위해 기다리고 또 기다릴 수 있었습니다. 왜냐하면 그들의 중심은 주님이었기 때문입니다. 그 외의 다른 모든 것은 그저 짐이었고 그래서 그들은 '주님은 늦어지실 뿐이야. 좋아, 난 그저 조용히 기다리면서 주님의 등을 위해 기름을 조금 더 준비할 거야'라며 즐거워하는 모습입니다.

슬기로운 다섯 처녀와 미련한 다섯 처녀의 이야기는 진지하게 받아들여져야 합니다. 그 이야기가 이렇게 이해될 필요가 있습니다. 어리석은 처녀들은 세상일에 마음이 빼앗겨 세상의 일을 하느라 분주했습니다. 그들은 기다리는 것이 시간낭비라고 생각했습니다. 우리도 그들 중의 하나였습니다. 우리는 사실 우리의 전 생애에 거쳐 이 문제와 싸워온 것입니다. 그리고 이 문제에 대해서 최근에 들어서야 우리 자신을 다소 극복하고 있는 것입니다. 개인적으로 저도 일 중독이었고 쉬는 것을 견디지 못하여 매 순간 뭔가에 정신을 팔아서 집중하고 있지 않으면 안 되는 존재였습니다. 하지만 이제는 단순하고 순결한 일이 아닌 것에 대해서는 싫어지게 되었고 그렇게 하는 것이 옳은 것이라는 확신으로 마음이 채워지고 있습니다. 그리고 성경 속에 '세상', 즉 신약성경에서만 해도 164번 등장하는 '세상'에 대한 주님의 참뜻을 이해할 수 있도록 성령님께서 인도해주셨음을 고백합니다. 진실로 우리는 세상의 저 깊은 수렁에서부터 꽤 멀리 떠나왔습니다. 그리고 이는 우리 안에서 역사하신 주님의 힘으로 이뤄진 것이고 우리의 적극적인 협력을 통해 이뤄진 것입니다. 지금도 매일 우리는 원수가 어떤 욕구와 충동을 통해 꽤 많은 시간과 에너지를 소모하게 만드는 일로 질질 끌고 가려고 하지만, 옳은 분별력으로 꽤 많은 순간 그 욕구와 충동을 이겨나가고 있습니다. 그런 우리를 주님은 지켜보시며 우리가 그 덫을 알아차릴 수 있도록 도움을 베풀고 계십니다.

(딤후 2:4) 병사로 복무하는 자는 자기 생활에 얽매이는 자가 하나도 없나니 이는 병사로 모집한 자를 기쁘게 하려 함이라

우리가 정말 주님이 바라시는 것들을 하기 위한 시간이 없는 것인지 점검해보기를 주님은 원하십니다. 우리 마음을 천국에 고정시키고, 주님이 오는 것을 바라보며, 우리 이웃에 대해 형제 사랑의 영 속에서 친절을 베푸는 단순한 일을 하는 것. 이럴 시간을 만들 수는 없는지 묻고 싶어 하십니다. 세상과 선을 긋고 이런 일에 온 힘을 다 하길 바라십니다. 사랑하는 주님의 신부 여러분, 주님은 곧 오실 것입니다. 우리의 상급에 눈을 고정하길 주님은 바라십니다. 군인은 세상일에 신경을 쓸 수가 없습니다. 영에 속한 사람들은 세속적인 일에 관여하지 않는 법입니다. 오로지 필수적인 의무에만 매진합니다. 결코 우리 에너지와 정력을 고갈시키는 그 어떤 프로젝트에 우리 자신을 던져 연약해지지 않기를 주님은 바라십니다.

우리가 약해진 상태일 때 원수는 가까이에 있습니다. 마치 늑대가 먹잇감이 지칠 때까지 지켜보듯, 마귀는 우리가 언제 가장 약해지는가를 관찰합니다. 그리고 우리의 기운이 완전히 빠져 지칠 때까지 기다립니다. 우리가 과로하고 완전히 소진될 때까지 기다립니다. 그때 마귀는 의심, 두려움, 불안정, 불신, 그리고 걱정을 심습니다. 결코 이런 꾐에 넘어가지 말고 주님에게 초점을 맞추고 주의하고 경계합시다. 덫이라고 하면, 이는 누군가가 우리에게 도움을 청하는 급한 전화를 하는 것과 같은 형태일 수도 있습니다. 그 일이 우리를 고갈시킬 것이라는 것을 느낄 때가 있습니다. 이런 일은 주님으로부터 오는 것이 아닙니다. 그리고 이는 형제애가 아닙니다. 이는 마귀적이며, 우리를 붙잡아 약하게 만들려는 꼬임이며, 이를 통해 우리가 죄를 짓게 하려 함입니다.

또 다른 덫은 '난 지금 그 일을 해야 돼'입니다. 가끔 우리는 일을 미루어왔을 수도 있습니다. 정신을 차리고 문제를 자세히 들여다봅시다. 그 일에 빠져들지 않고 다른 방법으로 처리할 수는 없는지요? 물러서야 하는 일들이 있습니다. 우리가 피로에 지쳐 쓰러지게 하려는 큰 유혹이 그 일 속에 숨어 있기 때문입니다. 어떤 이메일이나 요청들은 트로이의 목마와 같은 것이 있습니다. 즉, 해야 할 것이 엄청나게 많이 나오는 종류의 일일 수 있습니다. 주님께 기도하면 이런 일에 대한 분별력을 허락해주실 것입니다. 그리고 우리는 그런 일들을 분별할 수 있도록 훈련되어 오고 있으며, 우리를 소진시키려는 유혹에 빠지지 않도록 성장하고 있습니다. 이런 덫들은 주님과 함께하는 귀한 사역으로부터 우리를 떨어뜨려 놓으려는 매우 '큰' 유혹입니다. 진실로 차분하고 신중할 필요가 있습니다.

(딛 2:11~14) 모든 사람에게 구원을 주시는 하나님의 은혜가 나타나 우리를 양육하시되 경건하지 않은 것과 이 세상 정욕을 다 버리고 신중함과 의로움과 경건함으로 이 세상에 살고 복스러운 소망과 우리의 크신 하나님 구주 예수 그리스도의 영광이 나타나심을 기다리게 하셨으니 그가 우리

진실로 우리는 차분하고 신중해야 합니다. 상황 판단을 잘하여 꼭 필요한 일들만 하도록 합시다. 우리의 삶을 빨아들여 우리를 기도자의 자리에서 무너뜨리려 하는 함정이 아닌가에 주의합시다. 시간이 갈수록, 우리들 중에는 아무도 이런 유혹에 휩쓸릴 사람이 없어야 합니다. 주님에게 우리의 초점을 전부 맞추어야 합니다. 주님께서 우리를 도우시니 우리는 이 일을 혼자 하는 것이 아닙니다. 주님의 영이 우리 안에서 이렇게 속삭일 것입니다. '그건 하지 마.' 그러면 우리의 영은 주님이 뜻을 알아챌 것입니다. 그 명령에 **순종합시다.** 혹시라도 잡념이 들어 죄의식에 빠지지 맙시다. '만약 네가 이것을 하지 않으면 넌 좋은 엄마 아빠가 아니야!' 천만에 그렇지 않습니다. 주님의 길이라고 생각하는 것을 따릅시다. 주님을 가장 첫째 자리에 두면 주님께서 우리의 아이들을 돌보실 것입니다.

주님의 신부 여러분, 역사의 때가 마무리되어 가고 있으며 주님은 다시 하늘에 나타나실 것입니다. 세상의 일로 인해 피로에 지쳐 문턱에서 쓰러지지 맙시다. 깨어 있으며 주님을 위해 우리의 시간과 에너지를 저축합시다. 그러면 우리는 절대 후회하지 않을 것입니다. 주님은 이스라엘을 다루신 것처럼 이 악하고 사악한 세상을 다루셔야 합니다. 우리가 이스라엘의 깨어 있던 자들에 대해 읽은 것처럼, 주님은 주님을 위하여 사람들을 구원할 것입니다. 주님께서 모든 나라에 쏟아지게 했던 진노를 피하기에 합당한 사람들, 불을 통과해

나오는 사람들이 있습니다. 우리가 기도하던 사람들이 그 가운데 있을 것입니다. 우리의 충성으로 인해 주님은 이를 약속하시며, 우리의 믿음으로 인하여 우리가 그들로부터 미움을 받을지라도 주님께서 이 약속을 행하실 것입니다. 그들 가운데 아직 주님의 영이 충분히 살아 역사하고 있습니다. 그들 속에서도 주님의 영의 역사함이 증가할 것이고, 그들의 깊은 곳이 주님께 맞도록 변화시키실 것입니다. 우리는 그들에게서 주님의 영광을 볼 것입니다. 그들의 평생의 날 동안 주님의 길로 행할 것입니다. 우리가 그들 가운데서 큰 즐거움을 볼 것입니다. 우리의 마음이 상했어도 주님이 고치시고 기름 부으시며 주님의 거룩함의 아름다움으로 인도할 것입니다.

주님은 주님의 신부의 자녀들에게 은총을 주지 않을 이유가 없습니다. 진실로 그렇습니다. 비록 그들이 주님을 지금은 떠나 있다고 할지라도 그들도 은총을 받을 것이며 그들이 풀무 불에서 연단을 받은 은과 같이 빛날 것입니다. 소망이 없는 것처럼 보였던 많은 이들이 불 속에서 연단을 받아 그 얼굴이 주님의 영광으로 빛날 것입니다. 마음을 강하게 하며 용기를 가집시다. 그들도 죽은 영혼의 상태에서 깨어날 것입니다.

많은 믿음의 선진들이 과거 주님의 말씀들을 마음에 새긴 것처럼, 주님은 계속해서 지금도 말씀하십니다. 심령에 주님의 말씀을 새긴 신실한 어린양들이 얼마나 자랑스러운지를 외치십니다. 마지막 심판의 그날과 그때까지 주님은 우리를 축복하시며 가르치실 것입니다. 마지막 때와 시를 알기 바라는 사람들이 있으나 예나 지금이나 주님은 '속히'라는 표현을 쓰십니다. 진실로 어떤 것들은 말씀해주시지 않는 것이 낫습니다. '속히'라는 말씀도 그런 범주에 들어갑니다. 확실한 것은 마지막 때가 가까워옴에 따라, 즉 지구의 종말이 다가옴에 따라, 모든 일이 점점 더 심해질 것입니다. 그러나 주님은 우리를 보호하며 양육하고 강하게 하실 것입니다. 출산의 날이 점점 임박해옴에 따라, 기다리고 기다린 사람들은 곧 기쁨의 순간이 터져 나오는 것을 경험할 것입니다.

> *(약 5:7) 그러므로 형제들아 주께서 강림하시기까지 길이 참으라 보라 농부가 땅에서 나는 <u>귀한 열매를 바라고 길이 참아</u> 이른 비와 늦은 비를 기다리나니*

우리의 전쟁무기는 육적인 것이 아닌 영적인 것입니다. 시대가 무르익을수록 크리스천들은 점점 더 신앙의 도전을 받게 될 것입니다. 나를 위해 사는 것이 아닌 남을 위해 사는 삶에 대한 반대와 도전, 물건을 사랑하는 대신 오직 주님만을 사랑하는 삶에 대한 반대와 도전, 육신의 일을 벗고 우리의 모든 것을 인도하시고자 하시는 주님의 영을 믿고 듣고 따르는 삶에 대한 반대와 도전, 이러한 믿음과 사랑에 대한 더 많은 공격이 올수록 소망이 가까이 다가오고 있는 것입니다. 사랑에 대한 가르침과 행함에 집중하는 주님의 신부들을 향한 다양한 반대와 비아냥거림과 수군거림의 말들이 거세질 것입니다. 이처럼 사랑과 믿음과 소망에 대한 더 심한 공격이 있을 것이지만, 머리를 듭시다. 우리는 주님께서 우리에게 말씀하신 것을 알고 있습니다. 성경을 읽을 때, 기도할 때, 길을 가다가도 불현듯 주님은 여러 번 그리고 또 여러 번 확인해주셨을 것입니다. 우리 생명을 위해 이것을 굳게 붙잡고 의심하지 말고 나아가기를 주님은 원하십니다. 우리 주변에 어떤 일이 벌어지더라도, 이것을 굳게 붙잡읍시다. 그리고 기억합시다. 이런 반대와 조롱의 상황들이 우리의 면류관에 날마다 보석을 더하는 것입니다.

진실로 마지막이 가까워질수록 사랑과 믿음과 소망에 대한 공격이 더욱 심해질 것입니다. 그리고 공격은 더욱 끈질길 것입니다. 사탄이 고삐를 풀고 준비해놓은 것에 비하면 지금까지의 언어적인 비방은 투덜거림에 불과할 것입니다. 공격은 맹렬해질 것입니다. 주님은 우리 모두가 준비하고 서 있기를 바라십니다. 하나님의 옳으심을 붙잡고 있기를 바라십니다. 주님 곁에 서 있고, 우리의 하나님이 의롭다(옳다)는 것을 굳게 붙잡고 있기를 바라십니다. 모든 공격을 거짓말의 벽에 못 박고 그것들이 우리 마음속에 얼씬거리지 못하도록 합시다. 공격에 놀아나지 말며 말씀으로 쫓아버립시다.

> *(사 54:17) 너를 치려고 제조된 모든 연장이 쓸모가 없을 것이라 일어나 너를 대적하여 송사하는 모든 혀는 네게 정죄를 당하리니 이는 여호와의 종들의 기업이요 이는 그들이 내게서 얻은 공의니라 여호와의 말씀이니라*

주님의 영광을 옹호합시다. 주님의 신부 여러분, 사랑의 삶을 비방하는 자들 앞에서 주님을 변호합시다. 자기를 부인하고 살아가는 삶을 선택한 사람에게 어떤 일들이 일어날지 주님은 이미 말해주셨습니다. 주님은 우리를 주님에게로 인도하실 것이라고 약속하셨습니다. 우리 대적은 우리를 넘어뜨려 불신과 절망으로 밀어 넣기 위해 마지막 최대의 노력을 기울이면서 우리가 주님에게서 멀어지도록 낚아채려 할 것입니다.

우리를 의심과 공포에 몰아넣고, 주님과 주님의 종들을 중상과 비방하게 만드는 그 어떤 것도 믿어서는 안 됩니다. 어느 한순간에 원수들은 우리를 극도의 공포와 혼란으로 몰아넣어 우리의 신앙을 파괴하기 위해 온갖 공작을 할 것입니다. 우리가 이런 유혹을 느낀다면 우리는 마귀와 대적하고 있는 것입니다. 이럴 때 우리 자신을 감정적인 상태로부터 분리시키고 마귀를 꾸짖는 것이 얼마나 어려운가를 주님은 알고 계십니다. 이것이 바로 주님께서 우리에게 미리 경고하시는 이유이고, 어려울 때 우리 홀로 그것들과 싸우지 말고 주님의 도움을 요청하라고 말씀하시는 이유입니다. 그들이 우리를 힘으로 제압하겠지만 바로 그때가 주님의 이름을 불러야 하는 순간입니다.

주님의 명예를 방어합시다. 우리가 진실이라고 믿는 것을 확실하게 붙잡고 마음속으로 선포하며 주님의 명예를 방어합시다. 결코 우리의 대적이 우리가 이미 진리라고 알고 있는 것에서부터 우리를 엿보도록 허락하지 맙시다. 절대로 그들의 교활한 주장을 듣지 말고 그들과 언쟁하지 맙시다. 원수들의 말은 우리 마음속에 들어와 우리 마음에 대고 속삭이기도 하지만, 다른 사람의 마음속에 들어가 그들의 입을 통해서도 우리 귀에 들리게 합니다. 우리가 위기를 느낄 때, 기준을 세우고 싸웁시다. 절대 그 농간이 우리의 마음속에 스며들게 내버려두지 맙시다. 우리는 이 땅에서 전쟁을 치르고 있습니다. 그리고 지금이 포로를 사로잡기 위한 대적의 마지막 기회입니다. 미리 아는 것이 자신을 미리 무장하는 것입니다. '주님, 우리를 악에서 구하옵소서'라고 자주 기도합시다.

평화를 깨뜨리고 기쁨을 앗아가는 것은 마귀의 짓입니다. 우리의 평강이 깨지고 기쁨이 없어질 때 그리고 두려움을 느낄 때, 거기서 멈춥시다. 주님의 말씀을 사용하여 그 거짓을 파괴합시다. 공포, 염려, 불안정, 의심, 공황상태, 이 모든 것은 우리를 무력하게 하며 파멸시키기 위해 원수들이 사용하는 전쟁의 무기입니다. 의심, 공포 그리고 혼란은 마귀가 틈을 탔다는 증거입니다. 그들이 더 강해지기 전에 우리의 검을 붙잡고 그들을 파괴합시다. 그들은 공격할 것입니다. 하지만 그들이 한쪽에서 우리에게 달려들 때 주님은 우리를 도와 그들과 싸워 그들이 일곱 길로 도망하게 할 것입니다. 주님께서 그들을 깨뜨려 흩어지게 하고 도망케 할 것이지만, 주님은 우리의 협조가 필요합니다.

주님의 자녀 여러분, 주님 안에서 평안을 누립시다. 주님은 진실로 우리에게 말씀하고 계심을 인정하도록 노력합시다. 이는 주님의 바람이며, 매우 중요합니다. 우리의 마음이 이리저리 표류하지 않도록 합시다. 심지어 아주 잠깐 동안도 표류하지 않도록 합시다. 우리는 계속 흔들리겠지만 주님께서 돕고 계십니다. 평안을 유지하기 위해 성경 말씀과 경건 서적의 글 속에서 마음을 휘어잡는 레마의 말씀은 매우 중요합니다. 이런 레마의 말씀을 따로 적어두고 마음속 깊은 곳에 새겨 넣으며 기도합시다. 그 레마의 말씀은 이스라엘 백성이 주님의 은혜로 요단강 강물이 그치고 안전하게 건넌 뒤 그 은혜를 기억하기 위해 강바닥에 있던 12개의 돌을 가져온 것과 동일합니다. 꼭 붙들고 공격이 있을 때 마음속에 새기며 주님의 신실하심을 옹호합시다.

우리가 힘써 키워낸 선한 사람들을 넘어뜨리기 위해 원수가 어떻게 노력해왔는가를 이미 우리는 보아왔습니다. 그들은 주님이 지혜를 공급한 모든 사역자와 우리의 즐거움을 빼앗기 위해 노력하고, 헛소문을 심고 폄하했습니다. 우리는 그들이 성공하지 못하도록 해야 합니다. 주님을 변호하며 주님의 영광을 옹호해야 합니다. 주님의 신부들을 기쁘고 온전하며 행복하게 주님의 왕국으로 데려가기 위한 주님의 신실함과 헌신을 변호하고 지켜내야 합니다. ‘예수님, 저는 당신을 신뢰합니다’라고 자주 선포해야 합니다. 진실로 주님의 아름다운 말씀들은 너무도 오랫동안 원수들에 의해 훼손되어 왔습니다. 그 영향으로 인해 우리가 공격 아래 있다는 것을 우리가 볼 수 있을 것입니다. 우리 영혼에 소란함이 느껴진다면 우리는 이미 공격을 받고 있는 것입니다. 우리를 노리는 원수가 우리의 기쁨과 평안을 도적질하지 못하게 합시다. 검을 들고 전쟁을 합시다. 이는 오래 지속되지 않을 것이지만 매우 격렬할 것입니다. 미리 아는 것이 자신을 미리 무장하는 것입니다.

> *(엡 6:12~13) 우리의 씨름은 혈과 육을 상대하는 것이 아니요 통치자들과 권세들과 이 어둠의 세상 주관자들과 하늘에 있는 악의 영들을 상대함이라 그러므로 하나님의 전신 갑주를 취하라 이는 악한 날에 너희가 능히 대적하고 모든 일을 행한 후에 서기 위함이라*

‘내가 옳다’라는 자만심, 이는 PRIDE이며 교만이며 주님과 인간

사이에서 지속되는 전쟁입니다. 선악과를 먹을 때부터 인간은 사탄의 편, 즉 '내가 옳다'라는 편에 사탄과 함께 서서 주님과 맞서고 있습니다. 다양한 주님의 진리의 말씀을 듣고 마음속에 받아들이고 난 후에도 여전히 쉼 없이 마귀의 속삭임에 쉽게 넘어갑니다. 인간적이고 이성적인 추론이 여기에 한몫을 합니다. 그럼에도 불구하고 주님은 우리를 사랑하십니다. 하나님께 도발적인 의문을 제기한다고 할지라도 주님은 우리를 버리지 않으십니다. 그리고 언젠가 우리의 인간적인 추론이 얼마나 완벽하게 말도 안 되는가를 깨닫도록 하십니다. 우리의 자만심은 우리의 거의 모든 생각 속에 녹아 있지만 주님은 이처럼 잠잠히 인내하시며 사랑하시고 부드럽게 진리로 인도하십니다. 그리고 우리의 생각 속에서 우리와 함께 시간을 보내며 우리가 예상하지 못한 것들을 이야기해주시고 깨닫게 하시는 것에 즐거움을 느끼십니다. 이와 같이 주님은 우리 모두의 마음과 생각 속에서 일하십니다. 그리고 주님이 우리 속에 불어넣어 주시는 진리에 대해 우리 각자의 믿음의 크기와 색깔에 따라서 어떤 영향과 결과를 맺는지 보게 될 것입니다.

(고후 10:5) 하나님 아는 것을 대적하여 높아진 것을 다 무너뜨리고 모든 생각을 사로잡아 그리스도에게 복종하게 하니

주님은 수백, 수천 년 동안 이스라엘 민족을 다루고 계시지만, 그들은 여전히 목이 곧으며 불신의 민족이었습니다. 주님은 진실로 인간의 본질을 매우 잘 알고 계십니다. 이스라엘의 잘못도 우리의 잘못도, 이는 모든 인류에게도 공통적인 일입니다. 그리고 주님은 주님을 섬기는 일을 위해 가장 능력이 부족한 사람을 찾았습니다. 우리의 부족함이 우리의 얼굴을 들지 못하게 만든다 할지라도 결코 낙담할 수만 없는 이유가 여기에 있습니다. 정말로 우리는 주님의 선하심을 옹호하고 변론하지 않을 수 없습니다. '내가 옳다'라는 PRIDE와 자만심을 내려놓고, '주님이 옳다'라는 신뢰에 찬 마음을 가지도록 인도하십니다. 여기에 우리는 협조해야 합니다.

우리의 넘어짐과 부족함이 있다 할지라도 주님은 우리를 조금이라도 덜 사랑할 것이라고 추호도 생각하지 않는 것이 좋습니다. 사실, 바로 그 점 때문에 우리를 사랑하십니다. 즉, 자신의 작음을 보는 주님의 신부들을 주님은 사랑하십니다. 이것은 우리가 입어야 할 겸손의 예복입니다. 이것이 바로 사도 바울이 말한, 자신의 약한 데서 온전해짐을 자랑하는 것입니다. 겸손, 가난, 약함이야말로 주님의 은혜를 받기 위한 예정의 표시입니다. 천국에서 이것은 매우 탁월한 것입니다. 주님의 모든 신부가 이런 방식으로 보기를 주님은 바라십니다.

그리고 또한 이것이 우리를 향한 중요한 공격의 문입니다. 원수들은 언제나 우리를 깎아내리며 거짓말을 합니다. '너는 바보야. 넌 모자란 게 너무 많아. 네가 뭘 알아. 네가 누구라고 생각해? 하나님이 너에게 말씀하신다고? 푸하하, 넌 정말 헛소리를 하는구나. 자기 부인은 그런 게 아니야. 너는 그저 실패자야. 너는 결코 그 어떤 것도 할 수 없어.' 이런 식으로 우리 귀에 대고 거짓말을 합니다. 그리고 대적들은 우리를 흔들어 질투를 통해 죄짓게 하기를 좋아합니다. '이것을 봐. 저것을 봐. 저 사람들은 멋지고 능력도 있는 사람들이지.

하지만 너는? 푸하하, 너는 그 어떤 것도 할 수 없어. 네 주위에 너를 인정해주는 사람이 누가 있는지 봐봐. 어쨌든 네가 믿고 있는 모든 것은 거짓말이야. 세상 좀 똑바로 보라고. 너는 알게 될 거야.'

사랑하는 주님의 신부 여러분, 이와 같은 불안의 문이 얼마나 넓게 열려 있는지 보이시는지요? 이 문을 닫기 원하십니까? 이렇게 말합시다. '그래, 모든 것은 사실이야. 하지만 나를 강하게 하시는 예수 그리스도를 통해 나는 모든 것을 할 수 있어!' 논쟁의 끝에서 대적들의 목소리를 차단합시다. 그리고 이렇게 말합시다. '나의 하나님은 나를 보호하시고 지도하시는 일에 신실하신 분이야.'

그런 거짓된 음성이 주님의 성품을 비방하려고 할 때, 우리가 주님을 변호해주기를 주님은 바라십니다. 사랑하는 성도 여러분, 일어납시다. 그리고 주님의 영광을 옹호합시다. 우리가 그 공격의 문을 닫아버릴 때 주님이 얼마나 축복을 느끼는지 모릅니다. 압제자들이 우리를 대항하기 위해 계획한 공격들을 우리가 싸워 물리칠 수 있는 몇 가지 교훈은 이렇습니다.

지금 세상을 둘러보면 세상과 사람들의 악이 소돔과 고모라를 능가한 듯한 느낌을 받곤 합니다. 그리고 정말로 머지않아 주님께서 오실 것 같다는 마음이 들기도 합니다. 그 때와 시를 알지는 못하지만 내일이라도 주님께서 오신다면 정말 나는 하늘로 들림을 받을 수 있을까? 아니면 이 땅에 남게 되어 7년 대환란을 겪으며 천년왕국을 기다려야 하는 상황을 맞이하는 건 아닐까? 대환란을 과연 버틸 수

나 있을까? 이런 생각이 들기도 합니다. 이처럼 자신이 결코 휴거되지 못할 것이라고 믿게끔 하는 거짓말에 심하게 흔들리는 주님의 신부들이 꽤 많습니다. 한마디로 이런 생각을 자아내게 만드는 말들을 조심해야 합니다. 우리의 호기심이 너무나 강하여 엄청난 악을 품고 있는 자들의 말을 듣게 됩니다. 하지만 주님께서 이런 것들로부터 우리를 보호하실 것입니다. 그러나 자신이 자꾸 그런 걸 찾아 들어가면 주님도 어쩔 수 없으십니다.

우리 모두는 하나님이 선하신 분임을 알고, 우리는 휴거될 것에 관한 확신을 원합니다. 그리고 어느 때에는 그 일이 당장 일어나기를 원합니다. 그렇게 우리는 휴거와 관련해서, 너무나 많은 일들에 관한 확신을 원합니다. 그러나 이것은 영적인 소화불량과 혼란을 초래할 수 있습니다. 많은 사람들의 이야기를 들을 때, 우리는 그들이 말하는 것들을 잘 가려낼 필요가 있습니다. 때로는 우리가 불안정한 마음 때문에 뭔가를 끝까지 찾아낼 때가 있습니다. 우리가 진리의 말씀을 받았다는 것을 우리 영이 증거하며, 그것이 기름 부음 받은 것임을 안다면, 계속 찾아보지 말기를 주님은 바라십니다. 이는 약한 믿음과 불신의 상징입니다. 오히려 우리가 받은 것을 묵상하고 마음에 깊이 품으며 우리 호기심이 결코 우리를 덫으로 몰고 가지 않도록 주의해야 합니다. 왜냐하면 반드시 그 유혹이 우리에게 올 것이기 때문입니다.

(요일 4:5 ~6) 그들은 세상에 속한 고로 세상에 속한 말을 하매 세상이 그들의 말을 듣느니라 우리는 하나님께 속하였으니 하나님을 아는 자는 우리의 말을 듣고 하나님께 속

*하지 아니한 자는 우리의 말을 듣지 아니하나니 진리의 영
과 미혹의 영을 이로써 아느니라*

　원수는 호기심을 이용하여 우리들이 죄를 짓도록 유혹합니다. 좋은 신앙의 사람들은 악의 소리를 듣지 않을 것을 주님은 알고 계시지만, 원수는 우리의 호기심을 부추겨 잡다한 것들을 조사하고 결국 우리를 불신과 신앙의 위기로 이끌어 갈 혼란을 야기시킬 수 있습니다. 특히 지금 이 시대는 대적이 우리의 믿음을 탈선시키기 위한 계획을 짜왔다는 것에 대해 꼭 알아야 합니다. 우리는 누구의 말을 듣고 있는가에 관해 매우 주의해야 합니다. 오염된 물에서 벌레를 잡는 일이 없도록 조심합시다. 특히 지금처럼 위험지수가 높을 때는 더욱 그러해야 합니다.

　진실로 우리가 주님의 말씀을 마음에 신실하게 새기며 순종한다면, 주님은 우리를 공포로 몰아넣는 원수의 덫에서부터 보호하는 일에 신실하실 것입니다. 주님의 축복이 우리 모두에게 있을 것입니다. 그 어떤 것도 우리를 겁먹게 하거나 방해하지 못하도록 합시다. 그분은 전능하신 우리의 하나님이며, 우리는 그분의 신부입니다.

내 영의 고백

- 이 세상에 너무도 많이 물들어 있고, 나 자신을 위하지 않는 것이 무엇인지도 잘 모르는 저를 불쌍히 여겨주옵소서. 부디 주님의 영만을 사모하며 살아가는 슬기로운 다섯 처녀로 살게 하옵시고, 늘 신실하게 저의 영을 인도하시는 주님을 신뢰하며 주님이 주신 말씀을 마음에 깊이 새기며 살아가게 하옵소서.

존중과 사랑 속에 스며드는 하나님

　　　　　　　　　　　존중 속에 사랑이 드러납니다. 나의
취향과 주장에 앞서 존중함으로 상대방을 대하는 태도나 기도는 지극한 사랑의 표현입니다. 이러한 존중은 먼저 기도 가운데서 체험될 필요가 있습니다. 기도 가운데서 주님이 우리를 존중하시는지를 체험할 필요가 있습니다.

　잠잠히 주님 앞에 나아가는 기도를 주님은 간절히 원하십니다. 하루의 일과를 마치고 잠잠히 주님께 나아가는 시간을 주님은 간절히 기다리고 계십니다. 그 시간, 우리에게는 생기 넘치는 시간이라기보다는 축 처지는 시간이지만 주님은 그 기도를 통해 생기를 얻으십니다. 가능하다면 더 빨리 우리가 주님을 만나주기를 주님은 간절히 열망하며 하루를 보내십니다. 하루를 지나는 동안 우리가 실족할까 봐 걱정하시며 우리를 돌보신 주님은 이 기도의 시간 동안에 주님의 기쁨과 우리의 기쁨이 온전히 경험되기를 바라십니다. 이 같은 주님의 기다림은 우리를 향하신 존중입니다. 진실로 주님의 사랑스러운 신부인 우리를 주님은 너무도 사랑하십니다. 오늘 하루 우리가 힘겨운 시간을 보내느라 녹초가 된 것을 보실 때, 주님은 정말로 안쓰러워하십니다. 주님은 주님의 신부가 주님이 지금 계신 천국에 주님과 함께 있을 때 무엇을 기대할 수 있을지 알았으면 하십니다. 주님은 우리와 함께 즐거운 시간을 갖는 것을 너무나 좋아하십니다. 주님과 함께 기쁨을 나누고자 하시는 이 마음 또한 우리를 향하신 존중입니다.

주님께서 우리를 이처럼 존중하시며 대하고 계신다는 사실을 깊은 기도 가운데 우리는 경험을 합니다. 그리고 주님은 주님의 신부들이 모든 사람, 그러니까 모든 남자와 여자를 존중해주기를 바라십니다. 나이와 인종, 교육 정도나 사회적 지위에 관계없이 말입니다. 그렇게 주님의 신부들이 사람들을 존중할 때, 사람들은 주님의 존중을 조금씩 느끼게 됩니다. 왜냐하면 그 사람들 안에서도 주님은 신실하게 그리고 지극히 존중하는 마음으로 일하고 계시기 때문입니다. 사람들로부터 주님이 바라시는 것이 이것입니다. 즉, 사람들이 주님을 생각할 때, 주님은 자기 자신뿐 아니라 다른 사람들을 이와 같이 존중하는 분으로 알기를 바라십니다. 이것이 우리가 주님을 위해 할 수 있는 일들 중 하나입니다. 존중받지 못하면, 사람들은 상실감과 무가치함, 그리고 끔찍한 평가절하를 경험하게 됩니다. 심지어 주님은 모든 남자와 여자, 아이들의 권리를 존중하지 않는다고 생각하는 지경에까지 이릅니다. 사람들에게 자유의지를 주신 것이 주님 편에서는 엄청난 희생이었다는 사실을 사람들은 이해하지 못합니다. 주님이 사람을 창조하실 때 전혀 선택권 없는 노예로 창조하신 것이 아니라, 자유롭게 주님을 사랑하기로 선택해주기를 원하셨던 것입니다.

(빌 2:3) ······ *오직 겸손한 마음으로 각각 <u>자기보다 남을</u>
<u>낮게 여기고</u>*

존중은 '당신은 특별합니다'라는 표현이고, 당신은 정말로 하나님
께 특별하다는 것을 인식시켜 주는 흔적입니다. 사람들이 당신을 존
중하지 않을 때 그들은 이렇게 말을 하는 것과 같습니다. '네 삶은
중요하지 않아. 너는 허접한 일회용품일 뿐이야.' 이와 같은 행동은
상대방의 인간성에 비극적인 영향을 주고, 한 인간의 의지와 꿈꾸고
자 하는 바람을 죽여버리고 맙니다. 하지만 이것은 절대로 사실이
아닙니다! 주님은 한 사람 한 사람, 한 영혼 한 영혼을 존중하고 계
시며 각각의 영혼에 대한 비전과 꿈을 가지고 계시며, 그들의 미래
에 상을 주려고 준비하고 있습니다. 하지만 권위라는 것이 이 땅에
서 매우 부적절하게 사용되는 경우가 많아서, 모든 권위의 머리이신
주님마저도 인간의 권리를 멸시하는 냉혹한 권세자와 같은 선상에
두고 생각합니다.

주님을 믿는 크리스천들이 사람들을 보통 이상, 즉 약간은 비정상
적으로 보일 정도로 존중하며 대하고, 그들을 회복시켜 그들이 참된
가치에 대한 감각과 자신이 얼마나 중요한 존재인지에 대한 감각을
갖게 되기를 주님은 바라고 계십니다. 사람들을 창조 때의 모습으로
회복시키고 그들이 가치 있는 존재라는 것을 우리가 보여주기를 주
님은 원하십니다. 존중이 어떻게 사람들을 180도 바꾸어놓는지를
우리가 알게 된다면 우리는 정말로 많이 놀랄 것입니다. 존중은 사
람들을 전봇대를 발로 차며 쓸데없이 거리를 배회하게 하는 대신 현

재의 자신을 정확히 인식하고 또 앞으로 매우 중요한 사람이 될 것이라는 희망과 열정을 품도록 회복시켜 줄 것입니다.

주님은 땅에 사는 모든 남자와 여자 그리고 어린아이들에 대한 멋진 계획을 가지고 계십니다. 하지만 너무나 많은 사람들은 주님이 단조롭고 지루하다고 생각합니다. 규칙과 규율, 경건과 엄숙, 어두움과 금지가 하나님의 전부라고 생각합니다. 이것은 전혀 사실이 아닙니다. 천국은 영광의 빛과 목적과 창조성으로 가득하고, 기쁨으로 춤추며, 마음이 즐거워 주님의 계획을 진정으로 구하는 곳입니다. 그렇습니다. 이것이 바로 주님께서 우리에게 전해주고 싶은 것입니다. 우리는 주님에게 중요하고, 주님은 아름다운 계획들과 우리가 좋아할 것들을 준비해두었습니다. 어두움과 금기가 아니라 빛과 새로운 소망으로 가득한 것들입니다.

> *(요 12:46) 나는 <u>빛으로 세상에 왔나니</u> 무릇 나를 믿는 자로 어둠에 거하지 않게 하려 함이로라*

우리가 다른 사람들을 존중하면, 그 존중이 그들을 주님이 계신 곳으로 데려옵니다. 그들의 아름다움과 그들의 존재 이유를 선포하는 것입니다. '하나님에게 당신이 얼마나 중요한 존재인지 아시나요?'라고 말하는 것입니다. 그들을 그들이 속한 문화의 부산물이나 이방인들이 아니라 다이아몬드 원석이라고 말하는 것입니다.

우리 한 사람 한 사람은 누구와도 다른 한 인격이며, 우리와 같은 이는 아무도 없습니다. 이것은 듣기 좋으라고 하는 말이 아니라 사실입니다. 우리가 오직 하나뿐인 유일한 존재이므로 주님이 가진 우리에 대한 계획은 오직 우리 한 사람 한 사람을 위한 것입니다. 그래서 이 계획들은 특별히 우리 안에 창조한 주님의 본성에 잘 맞아떨어집니다.

군중에서 개인을 떼어놓고, 사람들에게 매겨놓은 등수를 떼어버리고, 그들이 지닌 유일한 정체성을 인식할 때, 그때 볼 수 있는 아름다움은 그들 본인들에게조차 신비 그 자체입니다. 남다른 존중을 표현함으로써 우리는 '당신에게는 무언가 특별한, 감추어진 위대함과 내면의 아름다운 그 무엇이 있어요'라고 말하는 것입니다. 그것이 진실로 우리가 주님의 창조물 안에 주님을 심어놓는 것이며, 주님이 창조하셨던 아름다움 또 발현되기를 기다리는 그 아름다움을 상대방이 가지고 있음을 확인시켜 주는 것입니다.

(요 3:21) 진리를 따르는 자는 빛으로 오나니 이는 그 행위가 하나님 안에서 행한 것임을 나타내려 함이라 하시니라

진실로 우리가 사람을 존중할 때, 우리는 진리를 따르며 빛으로 나아가는 것이며 그 존중의 행위가 우리 안에 거하시는 주님의 빛을 따라 행한 것임이 나타나는 것입니다. 이러한 행위는 굳어진 관계와 사회의 풍조를 따르기를 거부하는 것이며, 목적 없는 경주를 하고 있는 한 영혼을 멈추어 서게 하여, 의아하게 만들고 이렇게 묻게 만듭니다. '이 사람은 다르군…… 이 느낌은 무엇 때문일까?' 바로 이

때가 그들이 진리를 발견하게 되는 때입니다. 곧 하나님이 우리 안에 살아 계신 것과 우리가 하나님의 대사이며, 주님에게 한 영혼은 갈보리의 모든 고통과 채찍 맞음과 조롱과 못 박힘으로 맞바꾼 가치 있는 존재라는 진리를 발견하게 되는 것입니다. 사람들은 말할 수 없는 값으로 산 바 되었습니다. 이것이야말로 모든 남자와 여자 그리고 아이들의 진짜 가치입니다. 주님의 고난의 값입니다.

그러니 우리가 존중을 표현할 때 우리는 신비스럽고 감추어진 방식으로 진리를 선포하는 것입니다. 하지만 이 선포는 사람들의 깊은 곳까지 닿아 그들의 영혼을 만집니다. 그러면 그들은 다른 사람들과 우리가 다르다는 것을 느낍니다. 그들은 주님을 느끼는 것입니다. 주님을 알아차리면 전쟁의 반은 이긴 것입니다. 주님은 그들이 생각했던 그런 유가 아니기 때문입니다. 절대 아닙니다! 주님은 그들을 창조하신 존재이며, 다른 누구와도 같지 않게 유일한 존재로 창조하신 창조주입니다. 그리고 그들은 주님이 그들을 위해 십자가에서 기꺼이 죽어야 했던, 그만큼의 가치 있는 존재입니다.

이것이 바로 주님께서 우리에게 부탁하시는, 우리가 다른 사람들과의 관계에서 전달했으면 하는 것입니다. 존중! 보통 이상이 남다른 존중! 좀 이상할 정도의 남다른 존중! 이 존중은 사람들이 잠시 멈추어 서서 스스로에게 묻도록 합니다. '저 사람은 뭔가 다른 게 있어.' 이렇게 우리가 사람들의 주의를 끌면, 이미 전쟁의 반이 끝난 것입니다. 사람들은 더 이상 방어적이지 않을 것입니다. 오히려 호기심으로 가득해서 우리의 비밀을 알고 싶어 할 것입니다. 주님의

자녀 여러분, 주님께서 새로운 은총으로 우리에게 축복을 주시고자
하십니다. 곧 남다른 존중과 주님의 향기로 상처 입은 영혼들을 만
지고 주님께로 그들을 데려오게 되는 축복을 붓고자 하십니다. 존중
에 대한 새로운 결심으로 이 축복을 받아 누리길 기도드립니다.

누군가를 진정으로 존중할 때, 그 마음은 기도로 표출됩니다. 사랑
하는 이웃이 있을 때, 그의 일이 잘되기를 바라지만 어려움에 처하게
되는 상황을 보게 되면 함께 염려하기도 합니다. 그리고 자연스럽게
기도가 흘러나옵니다. 가령 사랑하는 친구가 유산을 했다거나, 사랑
하는 동역자의 자녀가 교통사고를 당했을 때와 같은 경우일 것입니
다. 내게 어려움이 처했을 때도 사랑하는 이웃이나 형제의 어려움을
들었을 때도, 우리는 함께 깊은 염려에 빠지기도 합니다. 그러나 본
질적으로 염려는 결국 쓸모없는 것입니다. 필요한 것은 기도입니다.
그리고 기억해야 할 것이 있는데, 그런 상황에서 그저 앉아서 슬퍼하
는 것도 기도입니다. 주님 앞에 앉아 아무것도 하지 못한 채 그저 느
낌, 감정들과 싸워야만 할 때 말입니다. 마음의 감정들에 괴로워하며
주님께 울며 도움을 청하는 그것도 분명히 기도입니다. 아니 오히려
그렇게 주님의 발 앞에 엎드려 간청하는 것 그 자체는 단순히 말로
간청하는 것보다 더 큰 것입니다. 그것이 언어이든 아니든 말입니다.

기도는 무언가를 올바르게 하려는 간절함의 탄식이며, 다른 사람
의 상태에 대한 연민입니다. 우리 마음이 조금이라도 이런 것들로
인해 괴로워하며 주님에게 탄식하면 그것은 기도입니다. 우리는 이
사실을 잘 믿지 못하는 경향이 있습니다.

(요 2:1~11) 사흘째 되던 날 갈릴리 가나에 혼례가 있어 예수의 어머니도 거기 계시고 예수와 그 제자들도 혼례에 청함을 받았더니 <u>포도주가 떨어진지라</u> 예수의 어머니가 예수에게 이르되 저들에게 포도주가 없다 하니 예수께서 이르시되 여자여 나와 무슨 상관이 있나이까 내 때가 아직 이르지 아니하였나이다 그의 어머니가 하인들에게 이르되 너희에게 무슨 말씀을 하시든지 그대로 하라 하니라 거기에 유대인의 정결 예식을 따라 두세 통 드는 돌항아리 여섯이 놓였는지라 예수께서 그들에게 이르시되 항아리에 물을 채우라 하신즉 아귀까지 채우니 이제는 떠서 연회장에게 갖다 주라 하시매 갖다 주었더니 연회장은 물로 된 포도주를 맛보고도 어디서 났는지 알지 못하되 물 떠온 하인들은 알더라 연회장이 신랑을 불러 말하되 사람마다 먼저 좋은 포도주를 내고 취한 후에 낮은 것을 내거늘 그대는 지금까지 좋은 포도주를 두었도다 하니라 예수께서 이 <u>첫 표적</u>을 갈릴리 가나에서 행하여 그의 영광을 나타내시매 제자들이 그를 믿으니라

    예수님의 어머니 마리아는 이때, 중보자의 마음을 가지고 있었습니다. 바로 이것이 우리가 우리의 사랑하는 사람의 어려운 일을 보고 품은 마음과 같은 마음입니다. 마리아는 결혼 연회석의 난처함을 보시고 깊이 한숨을 쉬었습니다. 연회를 연 사람들이 얼마나 난처할지를 아셨기 때문입니다. 그녀의 깊은 한숨이 주님을 향한 기도가 되었습니다. 여느 때와 같은 기도는 아니지만 말입니다. 그것을 보신 주님은 주님의 계획에 없던 개입을 하셔서 주님을 그 종들에게 드러내셨습니다. 그때는 아직 하나님 아버지께서 정하신 때가 아니었지만, 마리아의 깊은 한숨이 주님의 마음에 깊이 울렸기 때문에 주님의 때가 아님에도 불구하고 주님은 개입하신 것입니다. 이와 같이 우리의 탄식은 능력이 있습니다.

우리가 가진 율법주의적인 사고방식을 버리고 주님을 더 신뢰하기를 주님은 바라십니다. 우리는 우리 속에 우리가 상상하지도 못할 정도의 완고함을 많이 가지고 있습니다. 성경에는 우리가 보지 못하는 것들이 너무나 많습니다. 정말로 너무나 많습니다! 인간의 법은 많은 진리를 가려왔습니다. 예를 들면, 주님께서 그런 기적을 행하기 위해서는 우리가 몇 시간 동안 무릎 꿇고 기도해야 한다는 것, 이것은 거짓말입니다.

우리 중에는 자녀를 위해 우는 자들이 있습니다. 주님은 그 울음을 듣고 계십니다. 이는 가장 강력한 기도입니다. 누구라도 어머니로서의 책임을 지는 사람은, 자신의 아이든, 다른 사람의 아이든, 어머니의 마음으로 하는 그 염려로 인해 그녀는 특별한 은혜를 입을 것입니다. 그리고 그 은혜는 그 아이를 키우는 데 자신의 삶을 내려놓기에 충분할 것입니다. 우리도 어머니입니다. 단지 우리 자신의 자녀뿐 아니라 우리의 사역이나 우리의 마음으로 품고 있는 한 사람 한 사람의 어머니입니다. 그러므로 우리의 기도는 그 중보 대상자들을 위해 특별한 기름 부음을 가져다줍니다.

한 기독교 방송 채널을 운영하기 시작한 한 여인의 이야기를 소개합니다. 어느 날 그녀가 운영하는 방송국에 위기가 닥쳐 마음이 다급해진 그녀는 급히 회의를 열게 되었습니다. 그러나 그 회의에 참석하기 위해 현관문을 나서기도 전에 생면부지의 한 여자가 그녀를 만나려고 찾아왔고 울면서 기도를 부탁했습니다. 그녀의 사정은 남편이 다른 여자와의 외도로 인해 그녀에게 이혼을 요구한다는 것이었습니다. 사정은 딱하였으나 방송국 긴급회의에 참석해야 했던 여인은 기도해주겠다고 약속한 후 그 손님과의 만남을 거절해야 했습니다. 방송국의 일들로 정신이 없었던 그녀는 허둥지둥 문을 나서며 그 여인을 위해 마음속으로 이렇게 기도했습니다. '오, 하나님, 제발 저 여인의 일을 알아서 처리해주세요, 제발요. 그래 주시겠어요? 알아서 처리해주세요!'라고 말했고, 오직 그 한마디가 그날 그녀를 찾아온 손님을 위해 약속했던 기도였습니다.

몇 달 뒤, 잘 차려 입은 한 여인이 그녀에게 다가와 거액의 수표를 주며 말했습니다. '저를 기억하지 못하시나요?' 방송국 소유주는 대답했습니다. '네, 죄송합니다. 누구신지 기억이 나질 않습니다.' 여인은 말했습니다. '6개월 전 당신을 찾아와 위기가 닥친 저의 결혼생활을 위해 기도해달라고 했던 사람입니다. 그로부터 며칠 후, 제 주변의 모든 것이 변했습니다. 남편과 저는 화해했고 지금은 행복한 결혼생활을 하고 있습니다. 저는 그것이 당신의 기도 덕인 줄 알고 있어요.' 그녀는 이 이야기를 들었을 때 자기 자신을 향해 킥킥 웃는 것이라고 생각했습니다.

그렇다면 이처럼 내뱉듯이 한 그 기도에 주님은 그리도 빨리 응답해주신 이유는 무엇일까요? 그 방송국 소유주였던 여인은 어머니였기 때문입니다. 많은 사람들과 그녀의 방송을 보고 듣는 이들의 어머니였기 때문입니다. 그녀는 기도의 여인이었으며 말씀에 순종하고, 남을 위해 희생하며 주님에게 온전히 의지하는 삶을 살았습니다. 그녀는 기도의 응답을 받을 만한 여인이었습니다. 그녀를 찾아와 기도를 부탁한 여인 또한 결혼 생활에 있어 겸손하고 다른 이들을 재정적으로 도와주고 기도하는 여인이었습니다. 그녀의 심성이 곱고 주님에 대한 믿음이 깊어 그녀 또한 기도의 응답을 받을 만했습니다. 그 두 여인 모두 주님의 은혜 안에 거했으며, 그 안에서 주고받은 것입니다. 주님은 모든 기도에 이와 같은 방식으로 응답하지는 않으나 이 여인들은 기도의 응답을 받을 만했던 것입니다.

(약 5:16) …… 의인의 간구는 역사하는 힘이 큼이니라

유대인에게 유명한 사람 중에 한 명인 토비트란 사람은 매우 의롭고 올바른 삶을 산 사람입니다. 그의 기도에 대해 주님은 천사를 보내 그가 간절히 필요로 하던 재정적인 문제 해결을 도우셨고, 그에게 경건한 며느리도 주었습니다. 토비트 또한 자신을 희생하며 남을 돕는 수많은 이들의 아버지였고, 자신이 힘든 때에도 모르는 이의 장례를 지내주기도 했습니다. 사랑하는 주님의 자녀 여러분, 다른 이들을 위해 간청하는 신부의 친절과 존중으로 인해 주님께서 응답하는 경우가 매우 많다는 사실을 기억합시다. 120년 동안 조롱 속에서도 사람들을 선하게 대한 의로운 노아, 가나안 땅에서 이방인이었으나 이웃을 선대했던 아브라함, 어려운 사람을 항상 돕던 의로운 욥, 감옥에서도 존중과 섬김의 모습을 유지했던 요셉, 엘리사를 친절하게 섬겼던 자식 없던 부인, 다른 사람의 발은 씻어주시고 자신의 발은 못에 박히신 사랑의 예수님, 자기보다 다른 사람의 삶을 항상 돌보던 바울, 한 장 있던 자신의 이불마저도 추위에 떠는 사람을 위해 잘라 주었던 서서평, 이 아름다운 분들의 기도에 대해 주님은 어떻게 응답하셨는지 우리는 매우 잘 압니다. 주님은 놀라운 상, 특별한 기도에 대한 응답이라는 상으로 그들을 구별한 것입니다. 진실로 자신 돌보기보다 남을 돌보는 이의 삶은 주님 앞에 큰 덕입니다.

> *(벧전 2:9) 그러나 너희는 택하신 족속이요 왕 같은 제사장들이요 거룩한 나라요 그의 소유가 된 백성이니 이는 너희를 어두운 데서 불러내어 그의 기이한 빛에 들어가게 하신 이의 아름다운 덕을 선포하게 하려 하심이라*

진실로 남을 위해 사는 삶, 남을 존중하며 사는 삶을 앞으로의 인생의 목표로 삼고 살아가기로 선택하는 것은 주님의 아름다운 덕을 선포하는 삶이 됩니다. 그러나 우리 주변에 일어나는 끊임없는 변화들로 인해 우리는 쉽게 요동합니다. 삶에 대한 불안정은 이러한 우리의 이웃을 위한 삶과 주님을 위한 삶에 대한 결심을 크게 뒤흔듭니다. 사실 삶에 불안정을 유발하는 것은 원수들이 가장 빈번하게 쓰는 수법입니다. 예를 들면, 실직이나 사고나 질병과 같은 상황들과 관련된 것들입니다. 실제적으로 일어나는 부정적인 변화를 통해 원수들은 불안을 조장합니다. 이는 앞서 열거했던 사랑의 선배들이 한 명도 빠짐없이 경험했던 시험들이었습니다.

우리 마음의 중심이 주님을 향하면, 우리 가족이나, 집이나, 음식이나 옷이나, 우리 주변이 어떻게 돌아가든지 간에 우리 마음은 흔들리지 않습니다. 이런 마음의 성향을 갖기 위해서는, 누구라도 자신과 주님과의 관계를 절대적이며 최우선에 두어야 합니다. 왜냐하면 주님은 절대 변하지 않기 때문입니다. 결국 이웃을 존중하며 살아가는 것, 자신을 배불리 먹이고 자기를 높이기 위한 삶이 아닌 남을 위해 살고자 하는 결심은 반드시 주님께 대한 온전한 마음가짐에서 비롯될 수밖에 없습니다. 그렇지 않으면 너무도 쉽게 요동하게 되고 머지않아 다시 자기 자신을 위한 삶으로 돌아가게 됩니다.

주님은 우리가 애정을 갖는 대상이 무엇인지를 정직하게 살펴보길 원하십니다. 물질적인 삶, 나 자신을 위한 삶, 이 세상에 이것저것을 누리려는 것에 애정을 가지고 있는 것인지, 진정으로 주님과 이웃을 사랑하며 사는 삶에 애정을 갖고 있는지 정직하게 살펴보길 바라십니다. 이 세상의 속한 모든 것은 그저 사라져버리고 세상에 애정을 둔 자들과 그 추구함도 다 불로 태워질 것이란 사실을 잊지 맙시다. 멸망을 앞두고 잠시 주님의 손에 의해 보호되고 있을 뿐입니다.

(벧후 3:7) 이제 하늘과 땅은 그 동일한 말씀으로 불사르기 위하여 보호하신 바 되어 경건하지 아니한 사람들의 심판과 멸망의 날까지 보존하여 두신 것이니라

주님을 사랑하고, 이웃을 사랑하는 데 하루하루의 삶과 남은 생의 삶을 바친 사람들은 이날을 도리어 기쁘게 맞이할 것입니다. 그 날 우리는 주님과 혼인잔치를 할 것입니다. 모든 신부와 주님은 다 함께 그리고 각각 따로 혼인잔치도 하게 될 것입니다. 한 사람 한 사람 일대일로 주님과 만날 시간이 충분하며 여유 있게 달콤한 신혼여행도 가게 될 것입니다. 지금 우리는 모든 것을 이해할 수 없으니 모두 다 이해하려고 하지는 맙시다. 그저 우리에게 주어진 주님과 함께하는 이 시간을 즐깁시다. 우리는 그저 주님과의 결혼식에 초점을 맞추고 살아갑시다. 만약 이런저런 상황으로 인해 우리의 마음속에 안 좋은 생각이 들거나 유혹에 빠질 것 같으면, 주님의 이름을 사용합시다. 그러면 주님께서 모두 정리해주실 것입니다. 우리는 그렇게 완벽함을 향하여 나아갑니다. 그리고 우리는 주님과 결혼하게 될 것입니다. 결혼 전 우리 자신을 준비하는 마지막 시간들을 최대한 누립시다. 주님께 원했던 모든 것을 다 원하고 꿈꾸어도 좋습니다. 다만 이 시간을 보호합시다. 진실로 주님은 우리와 함께 우리 마음 깊은 곳에서 이 결혼을 꿈꾸는 달콤한 시간을 가지길 원하십니다. 주님은 우리를 위해 가장 아름다운 드레스를 만들어두셨습니다. 그리고 우리가 주님을 위해 존중과 사랑의 선행으로 우리 자신을 꾸미길 바라십니다. 이것은 우리가 주님께 드리는 결혼 선물입니다.

> *(계 19:7~8) 우리가 즐거워하고 크게 기뻐하며 그에게 영광을 돌리세 어린 양의 혼인 기약이 이르렀고 그의 아내가 자신을 준비하였으므로 그에게 빛나고 깨끗한 세마포 옷을 입도록 허락하셨으니 이 세마포 옷은 성도들의 옳은 행실이로다 하더라*

우리의 부족함과 연약함은 문제가 되지 않습니다. 왜냐하면 실수를 인정하고 주님께 도움을 구하는 자들에게 주님은 항상 용서와 은혜를 베푸시기 때문입니다. 우리는 그저 주님 눈에 보이기에 오직 신실한 신부의 모습일 뿐입니다. 주님은 항상 정말로 항상 우리를 돕습니다.

진실로 주님은 우리가 우리 자신을 다른 사람에 대한 사랑과 존중의 마음으로 대하며 우리 자신을 꾸미는 데 힘쓰기를 바라십니다. 이는 주님도 우리도 오랫동안 기다려온 것입니다. 사소한 것들이 많은 의미를 갖습니다. 결혼 선물들. 바로 주님을 믿지 않는 자들을 위해 우리가 남길 수 있는 몸짓으로 할 수 있는 것이 무엇인지 아는 것, 이것이 결혼 선물입니다. 사람들은 이런 우리의 몸짓을 기억할 것이고, 사람들은 우리가 그들에게 얼마나 존중함으로 선하게 대했는지 기억할 것입니다. 그리고 그것으로 인해 주님께 감사할 것입니다.

(계 3:1~3) 사데 교회의 사자에게 편지하라 하나님의 일곱 영과 일곱 별을 가지신 이가 이르시되 내가 네 행위를 아노니 네가 살았다 하는 이름은 가졌으나 죽은 자로다 너는 일깨어 그 남은바 죽게 된 것을 굳건하게 하라 내 하나님 앞에 네 행위의 온전한 것을 찾지 못하였노니 그러므로 네가 어떻게 받았으며 어떻게 들었는지 생각하고 지켜 회개하라 만일 일깨지 아니하면 내가 도둑같이 이르리니 어느 때에 네게 이를는지 네가 알지 못하리라

우리 중에는 주님의 말씀을 신중하고 중대하게 받아들이지 않고 자기 생각에 옳은 대로 사는 자들이 많습니다. 그 속에 숨은 게으름을 회개하고 우리 마음에 무슨 일이 일어나고 있는지 특별한 주의를 기울이길 주님은 바라십니다. 우리 마음속에서 세상을 쫓아내고, 쫓아내고, 또 쫓아내길 바라십니다. 주님에게만 집중하고 주님과 우리가 영원히 함께하는 것에만 집중하길 바라십니다. 주님과 우리의 신성한 공간, 즉 우리의 마음속에 세상을 끌어들이지 말기 바라십니다. 세상적인 일들은 모두 제쳐놓고 우리의 가능한 모든 시간을 주님에게 쏟아 붓길 바라십니다. 쇼핑, 오락, 음식, 돈, 수다와 호기심을 뒤로하고 주님을 위한 시간을 만들기 바라십니다. 시간이 흐를수록 이 세상에는 우리 영혼에 해로운 일들이 더 많이 일어날 것입니다. 그것들은 우리 마음과 생각 속에 두려움과 산만함을 가져올 것입니다. 그만큼 우리는 이웃의 필요를 챙기는 마음을 빼앗기게 되고, 이웃을 존중하고자 하는 마음은 거칠게 변하게 될 것입니다. 주님께서 우리를 위해 가지고 있는 모든 것에 대한 순수한 사랑과 기대를 가지고 우리가 기도의 제단으로 나오기를 주님이 얼마나 기대하고 있는지 우리는 알고 있는지요? 정말로 주님은 날로 악해져가는 이 시대에 우리가 날로 더욱 영적으로 집중하는 한 주 한 주가 되기를 바라십니다.

그러나 우리가 우리를 산만하고 다양한 덫에 빠지게 하는 사탄의 꾀에 넘어간다면, 우리는 영적으로 집중하지 못할 것입니다. 우리 마음은 어수선해져서 주님이 우리를 위해 준비한 은혜를 받지 못할 것입니다. 주님은 우리를 보호하실 것입니다. 하지만 우리 역시 우리 몫을 다 해야 하고 영생과 천국과는 아무런 상관이 없는 것들을 피해야 합니다. 이와 같은 말은 꾸짖기 위함이 아니라, 우리가 목적지에 잘 도착하도록 바로잡음이 필요하기 때문입니다. 많은 이들이 세상이 어떻게 돌아가는지, 이번 주는 무엇을 할까에 너무나 매여 있습니다. 그리고 우리는 매일 항로를 이탈하는 유혹을 받고 있습니다. 우리 중 일부는 그동안 우리의 주의를 흐트러뜨리는 것들을 잘 해결해왔습니다. 계속해서 주님의 가르침을 따르며 중요하지 않은 것들은 제쳐둡시다. 그러면 우리는 절대 후회하지 않을 것입니다. 진실로 사랑하는 삶과 존중하는 삶을 실제적으로 지켜나가기 위해 우리는 희생해야 할 것들이 존재합니다. 그 결과는 절대 후회하지 않을 것입니다.

이런 과정은 시험이며 고난입니다. 밀려드는 세상의 이런저런 것들을 끊임없이 우리 마음속에서 비워가는 것, 끊임없이 나 자신에 대해 생각하고 나의 필요를 채우며 살아가는 이기심을 극복하고 이웃을 돌보는 삶을 사는 것, 이 올바른 길에서 벗어나게 하고자 원수 마귀는 욥에게 퍼부었던 저주와 환란을 우리에게도 매일 퍼붓고자 시도하지만 지극히 일부의 고난만 주님께서 허락하시고 그 속에서 많은 선한 일들을 이루어가십니다.

시험과 고난. 이는 이 땅에서의 우리의 운명입니다. 하지만 이러한 시험들 후에는 달콤한 열매가 찾아옵니다. 이런 일들이 우리를 실망시키도록 허락하지 맙시다. 주님의 사랑하는 여러분, 이런 것들은 그저 인생의 일부분입니다. 언제나 기복이 있습니다. 사실 주님의 시각으로는 어려운 때가 가장 좋은 부분입니다. 왜냐하면 주님은 그 후에 따라오는 일들을 알고 계시기 때문입니다. 축복 위에 축복, 그리고 또 축복이 옵니다. 정말로 주님은 우리와 완전히 다른 시각을 가지고 계십니다. 너무나 많은 주님의 자녀들이 시험들로 인해 낙담합니다. 그럼에도 불구하고 오히려 주님은 우리가 이를 은혜와 지혜 안에서 성장하는 기회로 보기를 원하십니다. 마치 어린아이가 온전히 성인이 되기 전까지는 거의 이해하지 못하는 거처럼, 그가 겪어낸 시험들이 아이가 어른이 되도록 만드는 것입니다. 만약 우리가 이것을 인식했다면 이렇게 생각합시다. '오, 여기 시험이 왔군, 이후에는 열매가 있겠군.' 그리고 일에 착수하여 이를 뚫고 나가며 주님의 도움으로 역경을 극복합시다. 그러면 우리는 곧 이를 통과한 후 반대편에 서서 그 열매를 헤아려볼 수 있을 것입니다.

(약 1:12) <u>시험을 참는 자는 복이 있나니</u> 이는 시련을 견디 어 낸 자가 주께서 자기를 사랑하는 자들에게 약속하신 생 명의 면류관을 얻을 것이기 때문이라

시험들은 우리에게 다양한 방향에서 찾아옵니다. 그럴 때 우리는 그저 주님의 품속으로 달려 들어가서 씨름을 멈추고 안식할 수 있습니다. 그저 긴장을 풀고 주님의 달콤한 안식 안으로 들어오기를 주님은 바라십니다. 이럴 때 사색은 결코 도움이 되지 않습니다. 우리 안에 만들어주신 천국 속으로 들어가 주님의 안식을 경험합시다. 진실로 그 천국에서 사람들을 사랑하는 에너지가 시작되고, 거친 세상 속에서 원수들이 다양한 공격을 받았을 때 다시 그 천국 속으로 들어가 거칠어진 마음을 깨끗하게 씻어내고 다시금 지극한 존중의 마음으로 회복됩니다. 살아 있는 보혈의 능력을 경험하는 것입니다. 그렇게 우리가 우리 마음 깊은 곳에서 주님을 예배할 때, 우리는 예배 속에서 우리 자신을 잊고 주님을 보기 시작합니다. 그리고 그곳에서 우리를 향해 미소 짓고 있는 주님의 얼굴을 봅니다. 주님은 우리가 우리의 마음으로 주님을 찬양하고 감사하며 주님의 임재 안으로 들어오는 것을 보는 것이 너무나 기쁠 뿐입니다. 모든 것이 빛으로 가득하고, 순식간에 우리는 주님의 얼굴을 보게 됩니다. 우리가 주님을 발견할 때 주님은 언제나 우리를 향해 미소 짓고, 또 미소 짓습니다.

우리 자신을 잊는 것은 예배의 본질입니다. 우리가 찬양과 경배 속에서 우리 자신을 잊을 때 은혜로 우리의 눈이 열리게 됩니다. 너무나 많은 자들이 주님을 보기 위해 너무나 긴장하며 애를 씁니다. 만일 그들이 그저 경배하며 그들의 어깨 위에 느껴지는 달콤한 만짐에 반응할 수 있다면, 주님이 그들을 주님의 마음의 천국 테이블로 데려올 수 있도록 허락한다면……, 정말로 더 쉬워질 것입니다. 천국은 정말로 경배하는 우리 마음속에 실제로 임해 있습니다.

이 세상에서 우리들은 이것저것 모든 일을 하기 위해 얼마나 애를 쓰는지 모릅니다. 천국에서는 모든 것을 그저 내려놓고 편안히 들어오는 것입니다. 운동성, 즉 다이내믹이 매우 다릅니다. 우리 삶에 잠(수면)이란 기이한 것을 설정해두신 것도 같은 원리입니다. 편안히 내려놓는 것을 배우는 것은 신뢰의 일부분이며, 그 신뢰는 우리 안에서 주님이 어떻게 우리에게 항상 공급해주시는가를 아는 성숙함과 함께 자라납니다. 주님의 말씀을 읽음으로써 믿음이 자라나며, 주님이 선하시다는 것을 믿는 믿음의 기초가 다져집니다. 우리를 향하신 주님의 계획은 진실로 모두 선하시며, 항상 우리에게 가장 좋은 것을 주시고자 하시며, 주님은 결코 우리를 버리거나 홀로 내버려두지 않을 것입니다.

이 세상에서 주님의 도움 없이 자기 방식만으로 살기를 선택하는 자들은 얼마나 어리석은지 모릅니다. 그들은 자신 안에 좋은 것들 중 그 무엇도 주님이 심어두지 않은 것이 없다는 사실을 깨닫지 못합니다. 그들은 자신의 능력으로 무엇인가를 성취했다고 생각하지만, 그 능력조차 주님이 그들에게 허락한 것입니다. 많은 영혼들은 아직 자신들의 영혼이 얼마나 위대한가를 알지 못하여 가장 작은 자로 머물러 있습니다. 주님은 그들의 덕이 자라나도록 하기 위해 그들이 작은 자로 남아 있도록 합니다. 덕은 다른 모든 은사의 기초 골

격과 구조가 되는 것입니다. 덕이 없으면 은사들은 쉽게 상실됩니다. 기초 중에 기초가 되는 겸손이 없다면 세상의 시험과 환란이 그들에게 있던 좋은 것들을 앗아가 버리고 맙니다.

> *(겔 17:24) 들의 모든 나무가 나 여호와는 높은 나무를 낮추고 낮은 나무를 높이며 푸른 나무를 말리고 마른 나무를 무성하게 하는 줄 알리라 나 여호와는 말하고 이루느니라 하라*

우리에게는 남들에게 줄 수 있는 재능을 가졌지만 주님께서 그 모든 문을 닫으신 채로 두실 때가 있습니다. 수년이 지나기도 합니다. 이런 탄식 어린 생각마저 듭니다. '주님께서 저에게 하신 모든 일과 이 은사들을 가지고도 저는 망하게 되는 건가요?' 그럼에도 불구하고 우리 내면에는 빛이 있음을 느끼고, 언젠가는 발산될 희망이 있음을 느낍니다. 더 나아가 이런 우리의 갇혀 있음과 모든 실패로 말미암아 다른 사람들을 도울 수 있을 상황이 올 것이라는 사실을 믿기도 합니다. 결국 그 믿음이 승리를 하게 되어 있습니다. 비록 그 시간이 마치 영원처럼 느껴질지라도 이런 인내의 시간은 반드시 빛을 보게 되어 있습니다. 모든 것이 사랑을 위한 훈련, 즉 낮아짐을 위한 숙성의 시간입니다.

진실로 그렇습니다. 적당한 시간에 주님께서 이런 상황에 있는 우리를 모호함에서 빠져나오도록 할 것임을 신뢰하는 영혼들만이 그 시간을 견딜 수 있습니다. 그러나 너무도 많은 영혼들이 중간에 들고 일어나 모든 것을 허물어뜨립니다. 기초공사에 균열이 있고, 지붕에 물이 새며, 기둥의 버팀대가 빠져 있는 상태에서 이런 일들이 벌어집니다. 이 모든 일은 시간이 걸리는 법입니다. 그러므로 주님이 마음에 심어놓은 꿈들을 성취하려고 전진하는 우리 모두에게 이 말씀은 꼭 붙들 필요가 있습니다. '이런 일들은 시간이 걸리는 법입니다.' 결코 서두르지 맙시다. 서두르면 그저 일을 그르칠 뿐입니다.

원수는 '서둘러, 서둘러, 시간이 없다'는 생각을 우리에게 집어넣고 우리를 부추깁니다. 그러나 실상 이 땅의 삶과 천국의 삶은 경계가 없이 서로 연결되어 있으며 우리의 여정은 결코 끝나지 않습니다. 왜냐하면 우리가 천국으로 옮겨진다고 해서 우리의 재능과 사명이 정지되는 것이 아니기 때문입니다. 아니, 사실 그것과는 정반대입니다. 오히려 우리는 초자연적으로 활기를 띠며 더욱 많은 영혼들에게 다가가야 할 것입니다. 하지만 이를 보기 위해서 우리는 인내해야만 합니다.

> *(눅 19:16~17) 그 첫째가 나아와 이르되 주인이여 당신의 한 므나로 열 므나를 남겼나이다 주인이 이르되 잘하였다 착한 종이여 <u>네가 지극히 작은 것에 충성하였으니 열 고을 권세를 차지하라</u> 하고*

진실로 우리는 이 땅에서 충성을 다하고 천국에서도 새로운 능력을 부여받고 주님이 주신 사명을 이어가게 될 것입니다. 지상에서 천국으로 향하는 것이 경계선 없이 이어져 있다는 사실에 대한 이해의 부족과 오해는 원수로 하여금 우리가 미성숙하게 행동하게 하고, 밀어붙이고, 고군분투하게 만드는 가장 주요한 거짓말입니다. '마무리해야 해. 더 이상 시간이 없어. 서둘러야 해. 빨리 빨리 빨리.' 이는 사실이 아닙니다. 일단 우리가 주님을 섬기기로 작정했고 주님에게 헌신한 이상, 이 모든 일을 시작한 주님이 또한 끝내실 것입니다. 이는 시간에 의해 제약을 받는 것이 아니라 오히려 시간에 의해 더욱 촉진될 뿐입니다. 그러므로 우리의 고군분투함과 걱정을 버리고 그저 하루하루 한 걸음 한 걸음 주님을 따릅시다. 주님이 우리에게 주신 사명 이외의 미래에 대해 결코 걱정하지 맙시다. 그러면 우리는 이토록 악하고 분주하고 산만케 하는 적대적인 환경 속에서, 그리고 결코 살아남을 수 없는 조산아를 낳게끔 하는 이 세상의 끔찍한 영향력에서 벗어나게 될 것입니다.

우리의 작은 자 됨을 붙듭시다. 낮음과 비워짐을 붙듭시다. 우리 속도대로 천천히 일을 추진합시다. 안전하게 진전되어 가는 작은 일들에 만족하며 기뻐하고 지름길로 가려고 하거나 성급히 뛰어가지 맙시다. 어린이 동화에 나오는 토끼와 거북이의 경주를 늘 기억합시다. 거북이는 느릿느릿한 걸음걸이로 결승선에 눈을 고정하고 걸어갔습니다. 거북이는 경주에서 이길 수 없다는 것을 알고 있었습니다. 매 시간 그는 그저 터벅터벅 걸어갔습니다. 토끼는 빨리 뛸 수 있고 쉽게 결승선에 도달할 수 있다고 생각하여 옆길로 빠져 빙글빙글 돌기 시작했습니다. 결국 토끼가 결승선으로 향하는 길을 놓쳐버리고 그 경주는 거북이의 승리로 끝나게 되었습니다. 아~, 우리는 정말로 봄철의 토끼와도 같이 달리고 또 달리고 뛰고 또 뛰었습니다. 하지만 주님은 천천히 기어가는 것이 오히려 목적지에 빨리 도달하는 것임을 가르쳐주시고 싶어 하십니다. 정말로 느림의 기적입니다.

거북이 철학을 선택한 영혼 안에서 주님이 성취하는 아름다움은 바로 겸손입니다. 꾸준한 노력과 상당한 인내를 통해 일이 성취되며, 이는 우리가 우리 자신에게서 성취의 근원을 찾지 않고 지속적으로 주님을 의존하도록 합니다. 오~, 사랑하는 주님의 자녀 여러분, 우리 자신이 위대하다고 여기지 않는 것이 얼마나 중요한지, 오직 주님만이 위대하며 우리 안에서 주님이 성취한 것이 위대한 것입니다. 우리가 이런 시각을 잃지 않는 한 사탄은 주님과 우리가 함께 성취한 멋진 것들을 결코 도적질할 수 없습니다. 그러나 우리가 주님을 제치고 앞서 나간다면 우리는 재앙을 만나며 실패하게 되어 있습니다.

주님은 우리가 이 땅에서 시작한 선한 일들이 우리가 이 땅에서 들림을 받는다 할지라도 끝나는 것이 아니라는 사실을 직시하기를 원하십니다. 오히려 천국에서 초자연적인 재능기부를 하는 일이 늘어날 것이며 그 일들은 지속될 것입니다. 사람들을 존중하며 존귀하게 대하는 일, 이 선한 일은 그 상급이 영원함같이 그 일도 영원할 것이며, 이미 우리 마음속에 천국으로 거하시는 주님이 시작하신 일이기 때문에 주님께서 정하신 영생에서도 그 일은 지속될 것입니다. 그렇게 사랑과 존중으로 가득한 나라에 이미 우리는 참여한 바 된 것입니다.

> *(요일 4:12) 어느 때나 하나님을 본 사람이 없으되 만일 우리가 서로 사랑하면 하나님이 우리 안에 거하시고 그의 사랑이 우리 안에 온전히 이루어지느니라*

우리 안에 사랑으로 거하시고 그 사랑으로 이웃을 섬기는 마음은 이미 우리 가운데 임한 천국이 존재한다는 증거입니다. 그리고 천국에 대한 이러한 가르침은 사실 우리가 감당하기 어려운 것들이 많습니다. 우리가 풀 수 없는 방정식이며, 우리가 결코 정확하게 파악할 수 없는 미묘한 차이들입니다. 결코 우리가 피아노로 칠 수 없는 음정이며, 우리의 상상력을 초월하는 설계입니다. 오직 이윤 남기기에 초점이 맞춰진 사람들의 기술이나 경영과 같은 것들, 이 같은 우리 삶의 많은 분야들은 계속 번영하게 될 것이며, 지구에서는 사람들의 반대로 인해 우리가 하지 못하고 남겨두었던 일들이 천국에서는 쉽게 풀어질 것입니다. 그러므로 시간에 대해 조바심을 갖지 맙시다. 시간은 주님과 주님의 영원에 속한 것입니다. 그저 힘을 냅시다. 충분한 시간을 가집시다. 이것은 여행입니다. 이것은 경계가 없는 여행이며 천국에서 비로소 완성될 것입니다.

내 영의 고백

- 주님, 제게 존중의 비밀을 알게 하심에 감사합니다. 제가 만나는 모든 사람을 진심으로 존중하며 살기를 바랍니다. 이런 저의 마음을 흩어버리는 수많은 것들로부터 저를 보호해주옵소서. 제가 제 마음속에 거하시는 천국과 주님과 사랑을 사모하며 그 천국과 주님과 사랑이 제가 만나는 이웃들에게 흘러갈 수 있는 생활을 하기 원합니다. 저를 도와주옵소서.

가난한 자, 감춰진 보물

(고후 9:8∼9) 하나님이 능히 모든 은혜를 너희에게 넘치게 하시나니 이는 너희로 모든 일에 항상 모든 것이 넉넉하여 모든 착한 일을 넘치게 하게 하려 하심이라 기록된바 그가 흩어 가난한 자들에게 주었으니 그의 의가 영원토록 있느니라 함과 같으니라

우리가 살아가면서 만나게 되는 것 중에 진짜 진짜 보물은 가난한 사람들입니다. 따뜻하게 잠잘 곳이 없는 사람이나 어린이, 장애를 가진 사람들, 부모가 죽어서 살길이 막막해진 사람들, 부모로부터 버림받은 자녀들, 수입 없이 살아가는 한 부모나 그 자녀들, 심각한 질병으로 고생하는 사람들, 우리나라로 온 이주민들 등등. 진실로 이런 분들은 우리가 만나게 되는 보물입니다.

가난하고 작은 자들을 향한 우리의 마음이 뜨거워지고 그 마음이 행동으로 옮겨질 때 주님께서는 전율하듯이 기뻐서 어쩔 줄 몰라 하십니다. 우리는 이것을 그저 추측만 할 뿐이지만 실상을 가늠하지 못합니다. 우리가 사랑하는 네 살 어린아이나 강아지랑 장난치며 웃음을 참지 못할 때를 상상해본다면 그나마 조금 이해가 될 수도 있습니다.

그렇습니다. 우리는 사랑을 전하는 주님의 작은 메신저입니다. 우리가 가난한 자들과 작은 자들을 돌볼 때 그것이 주님을 돌보는 것임을 마음에 새길 필요가 있습니다.

> *(마 25:40) 임금이 대답하여 이르시되 내가 진실로 너희에게 이르노니 너희가 여기 내 형제 중에 <u>지극히 작은 자 하나에게 한 것이 곧 내게 한 것이니라</u> 하시고*

가난한 자들의 모습은 지금도 주님의 심장을 쪼갤 듯이 아프게 합니다. 이들은 창세전부터 하나님 아버지의 심장 깊은 곳에서부터 인류를 위한 선물로 택함을 받은 것입니다. 창세전에 이들은 주님과 언약을 맺고 극심한 어려움 가운데로 보내졌습니다. 주님이 오셔서 다스리시는 세상이 도래하기 전인 지금 이 세상 속에서, 사람들의 딱딱하게 굳은 마음이 새롭게 되고 부드럽게 되어야 할 절박한 필요를 드러내기 위해 극심한 궁핍과 필요와 고통을 이들은 감수하게 된 것입니다. 천국에서의 이들의 상급은 정말로 클 것입니다.

이 사실은 현대를 살고 있는 성도들에게 좀처럼 알려지지 않은 것 같습니다. 사람들은 가난을 그저 징벌 같은 것으로 여기지만, 실상은 그 가난한 사람들은 우리가 도울 수 있는 기회를 제공하는 주님이 주신 선물입니다. 가난한 사람은 태생적으로 하늘의 상급을 받은 것이고, 우리가 그들을 도움으로써 우리도 하늘의 상급을 받도록 보물 같은 기회를 주신 것입니다. 이는 가난한 사람뿐 아니라 가난한 사람들로 구성된 가난한 나라에도 해당이 됩니다.

(마 6:21) *네 보물 있는 그곳에는 네 마음도 있느니라*

우리의 마음이 가난한 사람을 향하고 있다면, 우리의 시간과 재물과 재능의 씀씀이가 가난한 자의 필요를 채우고 있다면, 우리는 진정으로 하늘의 보물을 취하고 있는 것입니다. 반대로 우리의 마음이 자기의 육신을 배 불리고 자기의 성공을 추구하고 있다면, 보물은 우리 눈에 가려져 있는 것입니다.

(마 5:3) *심령이 가난한 자는 복이 있나니* 천국이 그들의 것임이요

진실로 가난한 자들이 하늘의 유산을 갖게 될 것입니다. 성경에 고아와 과부를 돌보라는 얘기가 그토록 많이 나오는 이유의 비밀이 여기에 있습니다.

세상에서 잘나가고 출세한 사람들을 우리가 만나게 되면 그들 속에 이 가난한 심령, 즉 진정한 겸손을 발견하기 힘듭니다. 우리가 재물을 더 축적하면 더 축적할수록, 우리는 스스로 만족하게 되고 주님께 꼭 매달려 있어야겠다는 절박한 마음이 점점 덜 중요하게 여겨집니다. 바로 이런 이유 때문에 심령이 진정으로 가난한 상태가 부한 자들에게서 좀처럼 발견되기 어려운 것입니다.

(약 2:5) 내 사랑하는 형제들아 들을지어다 하나님이 *세상*

진실로 진실로 가난한 자들은 우리에게 주어진 하나님의 보물입
니다. 가난한 자들은 우리의 마음을 부드럽게 하고, 자기 부인이라
는 할례의 삶을 더 충실히 살도록 이끌고, 지금 우리가 살고 있는 이
세상, 즉 과도할 정도로 돈으로 점령된 사회를 위한 완전한 치료제
입니다. 코리아 드림(Dream), 아메리칸 드림과 같은 것들은 결국 코
리아 악몽(Nightmare)이나 아메리칸 악몽이 되고 말았습니다. 빚 속
에서 살아가게 되고 그런 삶 속에서 아파하고 불면증이 전염병처럼
퍼져서, 광기 어린 돈의 메커니즘을 유지하고자 밤과 낮으로 쉼을
얻지 못하고 살아갑니다. 이 광기는 세상 임금인 사탄에게서 시작된
것입니다. 남녀 할 것 없이 모든 사람을 큰 덫으로 옭아매서 주님으
로부터 분리해놓고자 하는 사탄의 전략입니다.

만약 돈이 풍부하다면, 밤에도 누워서 그 돈을 어떻게 쓸까를 계
획하며 쉼 없이 생각이 돌아갑니다. 만약 돈이 부족하다면, 밤에도
누워서 빚을 어떻게 갚을까 하며 쉼 없이 염려합니다. 이것은 주님
이 우리에게 명하신 삶의 모습이 아닙니다. 모든 사람은 바람직하고
생산적인 삶을 살기 위해 필요한 것을 가져야만 합니다. 이것이 옳
고 선한 것입니다. 그 속에서 사람들 마음 안에 주님의 지혜가 자라
갈 수 있습니다. 지혜, 자비, 충만, 인생의 목적 성취, 이와 같은 일
들은 반드시 이뤄질 것이지만, 그 일은 주님이 이 땅에 오실 때에 온
전히 이루어질 것입니다. 그때까지는 이 땅에 거대한 불평등이 존재

할 것이고, 주님의 성도들은 주님을 위해 살아가며 자기를 희생하고 가난한 사람들에게 베푸는 삶을 배워야만 합니다.

주님의 사랑스러운 자녀 여러분, 가난한 자들은 우리를 위한 완벽한 기회입니다. 이 십자가를 우리 어깨 위에 부드럽게 올려놓고, 주님을 위해 운반합시다. 우리가 가난한 사람들에 대해 깊은 안타까움을 가지고 있는 모습을 주님이 보시면, 주님은 정말로 기뻐하십니다. 주님은 그런 영혼에게 너무도 큰 축복을 부으실 것입니다.

가난한 사람들을 돕는 일은 자신의 삶을 바꾸기 위해 뭘 해야 할지 모르는 많은 사람들의 심령을 부활시킬 것입니다. 이 사실을 경험하고 깨닫게 된 사람들은 마음속 깊은 곳에서 감사하게 됩니다. 왼손이 한 일을 오른손이 모르게 하라는 말이 있지만, 결국 돕는 손길 속에서 형성된 유대감과 위로의 나눔은 영혼들을 부드럽게 만들고 주님을 더 닮도록 만듭니다. 이것은 건강한 영적 삶에 필수입니다.

(잠 19:17) 가난한 자를 불쌍히 여기는 것은 여호와께 꾸어 드리는 것이니 그의 선행을 그에게 갚아 주시리라

가난한 자들을 돌보는 일을 하게 되면 주님은 우리에게 예상치 못한 은혜들을 베푸십니다. 음악을 창작하던 사람이라면 예전에 들이던 수고와는 비교도 할 수 없을 만큼 가볍고 자유롭게 물이 흘러가듯이 음악이 완성되는 것을 경험하기도 합니다. 글을 쓰는 사람이라면 주님께서 주시는 영감이 샘솟아 너무도 쉽게 글들이 써 내려가고 완성되는 일들을 경험하기도 합니다. 그런 경우 "왜 이렇게 일이 바람을 탄 듯이 자연스럽게 이뤄질까?"라는 의아함에 빠지기도 하지만, 그 비밀은 가난한 자들을 돕는 우리의 마음과 행함 속에서 존재합니다. 진실로 그러합니다. 왜냐하면 이것이 주님의 뜻에 대한 우리의 순종이기 때문입니다.

이 밖에도 어떤 염려스러운 일이 있었다 할지라도, 이전에 그 일들이 우리를 위축되게 만들고 두렵게 만들었던 것이었을 텐데도 그런 감정은 단지 한순간에만 느껴지고 곧 우리 마음은 잠잠한 평강 속에서 주님의 위로를 느끼게 됩니다. 주님의 달콤한 품으심 속에 쉽게 들어가게 됩니다. 이 역시도 가난한 자들에 대한 베풂과 사랑을 통해 이뤄지는 일입니다. 이는 '사랑하라'는 주님의 일관된 뜻에 순종하는 것이며, 진실로 순종이 제사보다 낫습니다.

> *(삼상 15:22) 사무엘이 이르되 여호와께서 번제와 다른 제사를 그의 목소리를 청종하는 것을 좋아하심같이 좋아하시겠나이까 순종이 제사보다 낫고 듣는 것이 숫양의 기름보다 나으니*

특히 새벽과 아침에 우리가 제일 먼저 하는 일이 기도이기를 원하시는 주님의 뜻에 순종하는 것은 말할 수 없는 은혜 위에 은혜를 불러옵니다. 모든 것이 물이 흐르듯 흐르며 주님의 뜻이 이뤄져갈 것입니다. 여기에 더하여 낮에는 가난한 자들을 도우며 사는 삶이 더해지면, 저녁에 잠들 때 우리의 삶에 하늘의 열매가 얼마나 풍성한지에 대해 벅찬 감사로 잠들 수 있게 됩니다. 진실로 주님의 임재가 가득한 하루로 인해 깊은 만족을 느끼게 됩니다. 그리고 우리가 하던 일들도 생산성이 놀랍도록 향상됩니다. 일이 이처럼 자연스럽고 큰 힘을 들이지 않아도 착착 맞아떨어지게 돌아가는 것은 주님의 부르심에 우리가 응할 때입니다. 진실로 주님은 천사들을 보내주셔서 우리를 도우시는 것을 경험할 것입니다. 우리의 능력을 뛰어넘는 훨씬 더 높은 수준의 일들을 행할 수 있도록 우리를 준비시킵니다. 우리는 그저 시작만 하면 되고 나머지는 주님께서 놀랍게 이뤄가는 것을 목격하면 됩니다. 그 일이 세상에서 처음 하는 일이라 할지라도 그렇습니다. 이 말을 그저 읽지만 말고 자신의 삶에 적용을 해보시기 바랍니다. 경험되지 않는 진리는 결코 진리일 수 없습니다. 경험하지 않은 증인은 가짜 증인일 뿐입니다.

가난한 사람들을 돕는 것에 대해 주님은 기뻐서 전율할 정도입니다. 우리가 손대는 일에 축복하지 않으실 수 없게 만듭니다. 주님의 마음 깊은 곳에서 그 축복은 흘러나와 곧바로 우리에게 부어집니다. 그래서 일들은 그렇게 바람을 타고 진행하는 것처럼 자연스럽습니다. 진행되는 일들을 돌아볼 때 너무도 아름다워서 우리는 감사가 사무칠 정도로 깊어지고 깊어집니다.

사랑하는 주님의 신부 여러분, 우리가 우리 자신을 위한 필요를 채우는 길에서 벗어나 가난한 사람들의 필요를 채우고 돌보는 일에 나서는 모습은 천국에 계신 하나님 아버지의 모습을 닮은 모습입니다. 주님은 우리 안에서 아버지의 모습을 보시고 기뻐서 어찌할 바를 모르십니다. 주님의 이 기쁨을 주님이 얼마나 사랑하고, 우리 안에 거하시는 하나님의 모습을 얼마나 사랑하시는지 우리는 상상할 수 없을 뿐입니다.

자비한 마음에서 흘러나오는 우리의 행동은 더욱더 많은 기름 부음을 불러옵니다. 그럼에도 불구하고 이 일은 보상을 바라는 것과는 무관합니다. 보상을 바라지 않고 오직 돌보는 마음과 사랑하는 마음이 더 많은 기름 부음을 불러옵니다. 주님께서 우리에게 주신 자원들, 즉 시간이나 돈이나 재능과 같은 하늘의 선물들을 가난한 자들을 위해 내어줄 때, 주님의 마음속에는 폭발할 정도의 충만한 사랑의 스파크가 일어나며 우리 삶에 은총이 가득하게 부어져 내립니다.

우리는 이처럼 가난한 자들을 돌봄으로써 우리의 일들과 우리의 가정에서 달콤한 혜택을 누리게 된 경험을 가지고 있습니다. 거의 잃어버린 듯한 자녀가 돌아와 함께 주님을 위해 일하게 되는 것과 같은 경험도 합니다. 이는 우리가 상상할 수 있는 그 이상의 선물입니다.

은혜는 여기서 멈추지 않을 것입니다. 더 많은 은혜가 계속 밀려올 것입니다. 마지막 때가 가까웠다 할지라도 가난한 자들을 돌보던 우리는 완전하게 주님의 보호를 받을 것입니다. 파괴를 계획하거나, 파괴를 보거나 듣는 사람들로부터도 우리를 보호하실 것입니다. 우리를 빠뜨리려고 파놓은 웅덩이에는 그들 자신이 빠지게 될 것입니다.

(시 41:1) 가난한 자를 보살피는 자에게 복이 있음이여 재앙의 날에 여호와께서 그를 건지시리로다

진실로 주님은 우리를 위해 선하고 좋은 계획을 너무도 많이 가지고 계십니다. 지금 우리가 경험하는 은총들은 그저 시작에 불과합니다.

이처럼 가난한 자들을 돕는 일이 우리에게 얼마나 보물과 같은지 우리는 잘 깨달을 필요가 있습니다. 그러면 가난한 자를 돕는 일이 주님께는 어떤 의미를 가지게 될까요? 주님의 선하심이 가난한 자들에게 드러나게 된다는 것입니다. 주님의 달콤한 사랑이 모든 사람에게 드러나는 것입니다. 그분이 얼마나 아름답고 놀라운지를 보여주며, 최고의 절친한 친구이며, 단 하나도 실망시키지 않으시는 로맨틱한 분이심을 드러냅니다. 주님이 자신의 자녀들과 얼마나 깊고 순수한 사랑에 빠질 수 있는가를 보여주게 됩니다. 가난한 사람들은 진실로 진실로 우리에게 주신 하늘의 보물입니다.

(요 14:15) 너희가 나를 사랑하면 나의 계명을 지키리라

주님의 계명은 곧 공의와 사랑입니다. 공의는 정의이고 한마디로 옳은 일입니다. 주님의 신부 여러분, 주님은 우리가 우리 주변을 둘러보고, 정의가 필요한 곳을 살펴보시길 원하십니다. 정의는 곧 억눌린 사람들을 돌보는 것입니다. 우리 주변에 먹을 것이나 약이나 기초적인 생활에 필요한 것이 부족한 사람들, 병원비가 없어서 병원에 가지 못하는 사람들, 차가 필요한데 차가 없는 사람들 등등의 어려운 사람들을 돌아보기를 주님은 원하십니다. 우리 주변엔 정말로 도움이 필요한 나이 드신 분들이나 젊은 사람들이 많이 있습니다. 우리가 그들을 돌보기를 주님은 원하십니다. 우리에게는 꼭 필요치 않은 것이지만 그들에게 필요한 것이 있는지요? 그런 것들을 줍시다. 옷이나, 가구나, 부엌 용품이나, 아이 용품들이나, 다른 사람이 필요로 할 만한 것이지만 우리에게는 꼭 필요치 않은 것이 있는지요? 그런 것들을 아낌없이 줍시다.

우리 주변에는 항상 도움이 필요한 사람들이 있습니다. 하늘에 계신 우리 아버지와 같이, 우리도 도움을 필요로 하는 사람들에게 선한 일을 합시다. 사실 우리에게는 다른 사람들을 위해 선한 일을 할 수 있는 시간이 그리 많이 남지 않았습니다. 남은 시간을 최대한으로 잘 사용해서 선한 일에 집중해야 합니다. 주님의 날이 어느 순간에 올지 우리는 알지 못하며, 그 날이 되면 더 이상 선한 일을 할 수도 없게 되는 상황을 맞이하게 됩니다. 우리가 얼마나 많이 베풀었는지는 하늘에 차곡차곡 쌓이고 있습니다. 이 땅에서의 우리의 이러한 선한 실적은 영원의 세계에서 창고에 저장되고 있는 것입니다. 이 땅에서 우리에게 남은 마지막 시간들을 최대한 잘 활용합시다. 구하는 자들에게 주고, 가난한 자들의 필요를 기대하고 찾기도 합시다. 귀를 열어 대화 속에서 누군가의 필요가 우리 귀에 들어올 수 있도록 하고, 우리가 기꺼이 도울 수 있는 것들이 생각나도록 깨어 있읍시다. 그리고 베풀 수 있는 방법들을 찾아봅시다. 우리가 이 땅에서 머물 수 있는 시간은 그리 길지 않습니다.

(마 5:42) 네게 구하는 자에게 주며 네게 꾸고자 하는 자에게 거절하지 말라

이런 모습이 주님을 향한 우리의 사랑을 가장 훌륭하게 표현하는 것입니다. 주님을 사랑하기 때문에 주님의 계명을 지키는 것입니다. 주님께서 굶주렸을 때, 우리는 주님을 먹인 것입니다. 주님께서 홀로 계실 때, 우리는 주님을 찾아간 것입니다. 주님께서 차가 없으셨을 때, 우리는 주님을 태워 드린 것입니다. 주님께서 약이 없으셨을 때, 우리는 약을 가져다 드린 것입니다.

(마 25:34~40) 그 때에 임금이 그 오른편에 있는 자들에게 이르시되 내 아버지께 복 받을 자들이여 나아와 창세로부터 너희를 위하여 예비된 나라를 상속받으라 내가 주릴 때에 너희가 먹을 것을 주었고 목마를 때에 마시게 하였고 나그네 되었을 때에 영접하였고 헐벗었을 때에 옷을 입혔고 병들었을 때에 돌보았고 옥에 갇혔을 때에 와서 보았느니라 이에 의인들이 대답하여 이르되 주여 우리가 어느 때에 주께서 주리신 것을 보고 음식을 대접하였으며 목마르신 것을 보고 마시게 하였나이까 어느 때에 나그네 되신 것을 보고 영접하였으며 헐벗으신 것을 보고 옷 입혔나이까 어느 때에 병드신 것이나 옥에 갇히신 것을 보고 가서 뵈었나이까 하리니 임금이 대답하여 이르시되 내가 진실로 너희에게 이르노니 너희가 여기 내 형제 중에 지극히 작은 자 하나에게 한 것이 곧 내게 한 것이니라 하시고

우리 주변에 도움을 필요로 하는 사람들이 왜 있는지 아시는지요? 이는 주님께서 우리의 자비로움과 주님을 향한 사랑을 테스트하기 위해서 우리 앞에 바로 그 사람들을 두신 것입니다. 주님께서 행하신 것과 같이 우리가 행하는지…… 주님은 살펴보시기 원합니다. 우리에게는 나눌 것들이 있습니다. 그러나 그 나눌 것들이 어려운 이웃에게 흘러가기 위해서는, 이웃의 어려움을 인식하는 것이 첫째로 필요하고, 또 자기 것을 흘려보내고자 하는 사랑의 마음이 필요합니다.

> *(벧전 4:8) 무엇보다도 뜨겁게 서로 사랑할지니 사랑은 허다한 죄를 덮느니라*

우리의 인생 속에는 우리 자신도 눈치채지 못하는 죄들, 아주 깊이 숨겨진 죄들이 존재합니다. 주님도 이런 죄들에 대해서 우리에게 드러내시지 않으시고 우리조차도 깨닫지 못하도록 은혜를 베푸신 것들이 있습니다. 하지만 우리의 사랑과 자비로움으로 인해 이 죄들이 영원히 지워집니다. 이는 자기 의나 의로운 행위를 통해서 이뤄지는 것이 아닙니다. 이는 가스펠 사랑입니다. 도움이 필요한 곳을 덮어주고 베푸는 것, 이는 주님께서 이 땅에서 보이신 모습이고, 주님 마음속 깊은 곳에 있던 것을 행동으로 보이신 것입니다. 그리고 지금도 주님께서 이 땅에서 우리의 신발을 신고 계신다면 행했을 바로 그 행동들이기 때문에, 어려운 사람들을 돕는 우리의 행동들은 하늘의 큰 보상을 쌓아두는 일이 됩니다. 이와 같은 일들을 주님은 우리에게 바라십니다. 그렇기 때문에 우리에게 이것저것들을 공급하시고, 그것을 우리가 우리 주변에 도움이 필요한 사람들에게 베풀기를 기대하고 계십니다. 만약 우리에게 돈이 있다면 그 돈을 가지고 우리 자신의 즐거움을 위해 사용하는지, 아니면 우리 주변에 절박한 상황에 처한 사람들을 위해 사용하는지를 주님은 기대를 가지고 지켜보고 계십니다.

이는 우리의 삶 전체를 걸쳐서 이뤄지는 하늘의 시험(TEST)입니다. 우리가 정말로 주님께 속해 있는지를 확인하고, 우리가 정말로 천국에 속해 있는 사람들인지를 확인하는 테스트인 것입니다. 사실 이 점에서 우리 모두는 우리 각자를 향한 하늘의 기대 수준에 많이 미치지 못하고 있습니다. 하지만 중요한 것은 우리가 우리의 잘못을 인식했다는 사실이며, 주변 사람을 돕지 못하는 우리 자신을 뉘우치고 돌이켜 돕는 삶을 살고자 노력하고 있다는 사실입니다. 우리는 회개했고, 돌아섰으며, 이제는 창세전부터 우리에게 원하시던 주님의 뜻을 이루고자 노력하고 있습니다. 우리의 실패는 더 이상 기억되지 않을 것입니다. 진실로 사랑이 허다한 죄를 덮습니다.

우리 중에 어떤 사람들은 가진 것이 없어도 할 수 있는 최선을 다해 주변을 돕는 사람들도 있습니다. 이분들에게는 진실로 두 렙돈을 다 바친 과부가 누리는 하늘의 보상이 함께할 것입니다.

> *(눅 21:2~4) 또 어떤 가난한 과부가 두 렙돈 넣는 것을 보시고 이르시되 내가 참으로 너희에게 말하노니 이 가난한 과부가 다른 모든 사람보다 많이 넣었도다 저들은 그 풍족한 중에서 헌금을 넣었거니와 이 과부는 그 가난한 중에서 자기가 가지고 있는 생활비 전부를 넣었느니라 하시니라*

우리 중 어떤 사람들은 많은 돈을 가지고 있지만 그중에 일부만을 주변 사람들에게 베풉니다. 이분들이 천국에 쌓아두게 되는 보물은 그만큼 조금밖에 되지 않습니다. 어떤 경우에는 돈에만 해당하지 않습니다. 시간을 들여서 이웃을 돕는 일에 얼마나 사용했는지, 자기가 가고자 하는 길에서 벗어나 다른 사람을 돕는 일에 얼마나 사용했는지, 이것 또한 하늘의 보상이 있습니다.

주님께서 우리 모두에게 지금도 말씀하시고 싶어 하시는 것이 있습니다. 지금도 우리 모두에게 우리의 이기적인 모습과 무관심에 대해 만회할 수 있는 기회들을 주시고자 하십니다. 이 기회들과 시간들을 잘 활용해서 이웃을 따뜻하게 도웁시다. 이는 주님의 정결한 신부들을 향해 주님이 주시는 특별한 자비의 선물이며 자비를 위한 프로젝트입니다.

주님의 존귀한 신부 여러분, 베풂과 관련해서 주님은 우리의 부족한 것에 대해 초점을 두시지 않습니다. 주님의 초점은 우리가 가진 것이 무엇이고 그것을 우리가 어떻게 나누고 베푸는가에 초점을 두고 계십니다. 작은 케이크 한 조각을 만들어서 배고프고 가난한 사람에게 나누는 일이 주님 눈에 보시기에는 큰일이 됩니다. 기름이 떨어진 낯선 사람을 태워서 주유소에까지 데려다주는 일 또한 주님 눈에 큰일입니다. 다른 사람이 우리의 핸드폰을 사용하도록 빌려주는 일도 주님 눈에 큰일입니다. 무거운 짐을 들고 지하철역 계단을 오르는 분의 짐을 들어 드리는 것도 주님 눈에 큰일입니다. 이처럼 작고 사소한 사랑의 일이 주님께는 너무나도 큰 의미를 가집니다. 이 작은 행동들은 마음속 깊은 곳에 있는 주변 사람들의 필요를 향한 부드러운 심장에서 나오는 것입니다. 이는 예수님의 심장입니다. 분명히 주님은 우리의 이런 작은 사랑의 행동들에 대해 크게 보상해주실 것입니다.

우리 주변에 역경에 빠진 사람들을 돕고자 하나 그 아픔을 조금이라도 줄여줄 수 있는 것이 우리에게 없다면, 기도합시다. 이것만으로도 큰 유익이 있습니다. 정말로 중요한 것은 사랑의 마음으로 행하는 작은 것들입니다. 두려움이나 염려를 가지고 하는 것이 아니라 사랑의 마음으로 하는 것이 중요합니다. 한 영혼의 영적인 상황 혹은 물질적인 상황에 대해 우리가 그 어려움을 알고, 그로부터 나오는 선한 양심의 행동이 매우 중요합니다. 그러면 주님께서는 온 세계를 향하신 축복을 베푸십니다. 우리가 눈을 크게 뜨고 다양한 어려움과 씨름을 하고 있는 이웃을 살펴보고, 그들이 요기에서 저기로 옮겨질 수 있기를 바라는 소망과 꿈을 우리의 소망과 꿈으로 삼고 돌봅시다.

주님께서도 우리 주변의 소망 없는 사람들의 조용한 신음과 탄식이 들리도록 우리의 귀를 여실 것입니다. 바로 이 순간도 보상받기를 갈망하는 마음 없이 기쁨으로 이웃의 필요를 채우며 이웃을 위로하기 바라시는 분들에게 주님은 기름을 부으실 것입니다. 주님의 기름 부으심을 받고 우리가 우리 자신을 사랑하는 것처럼 우리의 이웃을 사랑하기 위해 오늘도 길을 나섭시다.

(마 22:39) 둘째도 그와 같으니 네 이웃을 네 자신같이 사랑하라 하셨으니

내 영의 고백

- 이 땅에서 부유함을 좇으며 살다가 '그들은 자기 상을 이미 받았느니라'라는 말을 듣는 어리석은 삶을 살아왔음을 고백합니다. 부디 저의 마음속에 가난한 사람들을 열정적으로 찾고 사랑하며 살아갈 수 있도록 더 풍성한 지혜와 사랑의 마음을 부어주옵소서. 제가 주님을 사랑하듯이 가난한 사람들을 돌보기를 즐겨 하는 자가 되길 원하나이다.

김명훈 ....

현) 두란노해외선교회 소속 선교사
전) 한국과학기술원 겸직교수
　　벤처기업 사장

①
오직
사랑으로

하나님의
일관된 뜻

초판인쇄　2017년 7월 21일
초판발행　2017년 7월 21일

지은이　김명훈
펴낸이　채종준
펴낸곳　한국학술정보㈜
주소　경기도 파주시 회동길 230(문발동)
전화　031) 908-3181(대표)
팩스　031) 908-3189
홈페이지　http://ebook.kstudy.com
전자우편　출판사업부　publish@kstudy.com
등록　제일산-115호(2000. 6. 19)

ISBN　978-89-268-8082-1 93230